对 外 汉 语 本 科 系

语言技能类　　一年级教材

汉语阅读教程 第3版

HANYU YUEDU JIAOCHENG

第一册

彭志平 编著

北京语言大学出版社
BEIJING LANGUAGE AND CULTURE UNIVERSITY PRESS

图书在版编目（CIP）数据

汉语阅读教程．第一册 / 彭志平编著．-- 3 版．--
北京 ：北京语言大学出版社，2018.8（2025.8 重印）

ISBN 978-7-5619-5239-9

Ⅰ．①汉…　Ⅱ．①彭…　Ⅲ．①汉语－阅读教学－对外汉语教学－教材　Ⅳ．① H195.4

中国版本图书馆 CIP 数据核字 (2018) 第 127292 号

汉语阅读教程（第 3 版）第一册

HANYU YUEDU JIAOCHENG (DI 3 BAN) DI-YI CE

排版制作：北京创艺涵文化发展有限公司
责任印制：邝天

出版发行：北京语言大学出版社
社　　址：北京市海淀区学院路 15 号，100083
网　　址：www.blcup.com
电子信箱：service@blcup.com
电　　话：编辑部　8610-82303647/3592/3395
国内发行　8610-82303650/3591/3648
海外发行　8610-82303365/3080/3668
北语书店　8610-82303653
网购咨询　8610-82303908
印　　刷：河北赛文印刷有限公司

版　　次：1999 年 5 月第 1 版
2009 年 1 月第 2 版
2018 年 8 月第 3 版
印　　次：2025 年 8 月第 10 次印刷
开　　本：787 毫米 × 1092 毫米　1/16
印　　张：13
字　　数：170 千字
定　　价：55.00 元

PRINTED IN CHINA

前言

《汉语阅读教程》是《汉语教程》的配套教材。自1999年出版以来，被国内外不少教学单位选用。2009年做了第一次修订，本书是2017年的第二次修订。此次修订，保留了原修订本编写体例，主要在内容上做了一些修改，目的是更好地配合《汉语教程》(第3版)的使用。本次修订后，《汉语阅读教程》第一册共25课。

本教材各课内容包括：

一、生字；二、字—词（词组）—句子；三、注释；四、课文；五、练习；六、课外练习。

一、生字。对外汉语阅读教学是从识读汉字开始的。“要阅读，首先要识字。”对大部分初学汉语的外国人来说，识记汉字是非常困难的。因此，在每一课第一部分我们安排了一定数量的汉字让学生认读。在给出汉字的同时，汉字的读音、意思（在本课词语中的意思或常用义的外文翻译）也一并给出，目的是帮助学生建立汉字形—音—义之间的联系。

二、字—词（词组）—句子。词是由语素组成的，在书写形式上体现为一个个汉字，词和词构成词组，词和词组是构成句子的单位。培养、训练学生认读词、词组的能力是培养阅读能力的第一步。词、词组的认读也要形—音—义结合，同时还要注意词重音、停顿等方面的练习。认读字、词、词组和句子是为阅读课文（语段或语篇）打基础的。因此，本教材在“字—词（词组）—句子”一项中安排了“字词句扩展练习”。其中的词、词组和句子多是常用词、常用词组和常用句，而且这些句子大部分是由本课的词语扩展而成的，有的还将在下面的对话或短文中再次出现。这样做的目的是帮助学生逐步扩大视距，为今后的阅读做准备。

三、注释。学生识记汉字的困难在于对汉字字形的特点、汉字的构成等没有足够的了解，因此，有必要向他们介绍一些有关汉字的知识，如汉字的基本笔画、汉字的偏旁部首、汉字部件以及汉字结构等，这样有助于学生更快、更好地识记汉字。我们在前六课中介绍了这些汉字基本知识。

四、课文。课文大多与本课的某些生词有关，既有对话，也有短文。对课文的处理，建议老师带领学生朗读，让学生通过模仿进行语音、语调、停顿、重音等方面的练习，这样做也有助于学生对课文的理解。

五、练习。练习是本教材的一个重要组成部分。我们在练习中设计了一些有关字、词、词组的练习，其目的还是帮助学生识记汉字。

六、课外练习。本教材还安排了一项“课外练习”，用于帮助学生复习巩固课堂所学内容。

本册书建议每课教学时间为 1 学时（50 分钟）。

编　者

2017 年 3 月

目　录 Contents

第一课
Dì-yī kè

Lesson 1

一、生字 New characters

一	yī	one
五	wǔ	five
八	bā	eight
大	dà	big
不	bù	not
口	kǒu	mouth; *a measure word for family members*
白	bái	white
女	nǚ	female
马	mǎ	horse

二、字—词（词组）From characters to words (phrases)

白—马	白马	bái mǎ	white horse
大—口	大口	dà kǒu	big mouth
大—马	大马	dà mǎ	big horse
不—白	不白	bù bái	not white

三、注释 Notes

汉字基本知识（一）Basic knowledge about Chinese characters (Ⅰ)

1. 笔画（一）Strokes (1)

笔画 Stroke	名称 Name	运笔方向 Writing	例字 Example
丶	diǎn	丶	不
一	héng	一	一　大
丨	shù	丨	不
丿	piě	丿	八　白
㇏	nà	㇏	八　大

2. 书写规则（一）Rules for writing (1)

规则 Rule	例字 Example
从上到下 From top to bottom	五（一　丅　五　五）
从左到右 From left to right	八（丿　八）
先撇后捺 The left-falling stroke before the right-falling stroke	大（一　ナ　大）

3. 汉字结构（一）Structures of Chinese characters (1)

◆ 独体字：Single-component characters

一	八	大	不	女
口	五	白	马	

四、练习 Exercises

● 描、写汉字 Trace and copy the following Chinese characters

一	1画 一	一	一	一				
五	4画 一 丆 万 五	五	五	五				
八	2画 丿 八	八	八	八				
大	3画 一 ナ 大	大	大	大				
不	4画 一 丆 𠀆 不	不	不	不				
口	3画 丨 冂 口	口	口	口				
白	5画 丿 亻 白 白 白	白	白	白				
女	3画 く 女 女	女	女	女				
马	3画 ㇆ 马 马	马	马	马				

根据拼音写汉字 Write the Chinese characters according to the *pinyin*

bù ________ bái ________ yī ________ dà ________ wǔ ________

kǒu ________ mǎ ________ nǚ ________ bā ________

给下列汉字注音 Write down the *pinyin* of the following Chinese characters

女 ________ 不 ________ 一 ________ 八 ________ 大 ________

口 ________ 马 ________ 白 ________ 五 ________

描出下列汉字中与左边相同的笔画

Trace the strokes given in the left column in the Chinese characters that follow them

一：不 十 太 木 女 丁

丨：不 十 来 土 去 下

丿：八 大 个 不 白 公

㇏：八 人 天 今 又 来

丶：文 头 小 太 术 门

第二课 Dì-èr kè Lesson 2

一、生字 New characters

干	gàn	to do
方	fāng	square
本	běn	notebook
门	mén	door, gate
东	dōng	east
同	tóng	same
反	fǎn	inverse
工	gōng	to work
公	gōng	public
办	bàn	to do, to handle
巴	bā	*
你	nǐ	you
好	hǎo	fine
吗	ma	*a particle used at the end of a question*
吧	ba	*a modal particle*

* 本教材生字部分有些汉字所表达的意思较多或较难准确翻译出来，这样的字不翻译。

二、字—词（词组）—句子 From characters to words (phrases) and sentences

大—门	大门	dàmén	door, gate
东—方	东方	dōngfāng	Orient, east
办—公	办公	bàn gōng	to handle official business
门—口	门口	ménkǒu	entrance
不—同	不同	bù tóng	different
你—好	你好！	Nǐ hǎo!	Hi! Hello!
你—好—吗	你好吗？	Nǐ hǎo ma?	How are you?
好—吧	好吧。	Hǎo ba.	OK.

三、注释 Notes

汉字基本知识（二）Basic knowledge about Chinese characters (II)

1. 笔画（二）Strokes (2)

笔画 Stroke	名称 Name	运笔方向 Writing	例字 Example
亅	shùgōu	亅	东　你
ㄥ	piězhé	ㄥ	东
㇕	héngzhé	㇕	口　五
㇇	héngpiě	㇇	反
㇆	héngzhégōu	㇆	门　方　同

2. 书写规则（二）Rules for writing (2)

规则 Rule	例字 Example
从外到里 From outside to inside	同：冂同　间：门间
先横后竖 Horizontal line before vertical line	干：一二干　本：一十本
先中间，后两边 First the middle part, and then the two sides	东：𠂇车东　办：力办

3. 偏旁（一）Radicals（1）

偏旁 Radical	名称 Name	意义 Meaning	例字 Example
亻	dānrénpáng	“亻”旁字多与人有关	你 他
女	nǚzìpáng	“女”旁字多与女性有关	好 妈
口	kǒuzìpáng	“口”旁字多与嘴有关	吗 喝

4. 部件（一）Components (1)

口：吗　吧　问

巴：吧　把　爸

马：吗　妈　骂

白：百　的　怕

5. 汉字结构（二）Structures of Chinese characters（2）

◆ 合体字（一）Multi-component characters（1）

左右结构：
Left-right structure

你 亻 尔　　好 女 子　　吗 口 马

你　　好　　吗

四、练习 Exercises

● 描、写汉字 Trace and copy the following Chinese characters

干	3画 一 二 干	干	干	干					
方	4画 丶 亠 亍 方	方	方	方					
本	5画 一 十 才 木 本	本	本	本					
门	3画 丶 丨 门	门	门	门					
东	5画 一 𠂇 车 东 东	东	东	东					
同	6画 丨 冂 冂 同	同	同	同					
反	4画 ⺁ 厂 反 反	反	反	反					
工	3画 一 丅 工	工	工	工					
公	4画 丿 八 公 公	公	公	公					
办	4画 ㇇ 力 办 办	办	办	办					

巴	4画 ㇇ ㇇ 巴 巴	巴	巴	巴					
你	7画 ノ亻亻'亻⺈ 竹 价 你 你	你	你	你					
好	6画 女 女' 奵 好	好	好	好					
吗	6画 口 吗	吗	吗	吗					
吧	7画 口 吧	吧	吧	吧					

根据拼音写汉字 Write the Chinese characters according to the *pinyin*

mén	běn	gàn	gōng	bàn	tóng
______	______	______	______	______	______
fǎn	nǐ	hǎo	ma	fāng	ba
______	______	______	______	______	______

给下列汉字注音

Write down the *pinyin* of the following Chinese characters

工	办	干	巴	反	同
______	______	______	______	______	______
本	好	你	吗	公	东
______	______	______	______	______	______

描出下列汉字中与左边相同的笔画

Trace the strokes given in the left column in the Chinese characters that follow them

亅：	你	可	小	丁	于	行
㇇：	口	很	五	呢	白	是
𠃌：	的	们	同	习	月	阅
㇇：	反	多	水	汉	久	又

描出下列汉字中与左边相同的部件

Trace the components given in the left column in the Chinese characters that follow them

口：	吧	问	古	扣
巴：	爸	吧	把	爬
马：	吗	骂	玛	妈
白：	百	的	怕	皇

第三课 Dì-sān kè Lesson 3

一、生字 New characters

学	xué	to learn, to study
汉	Hàn	Han nationality
语	yǔ	language
去	qù	to go
邮	yóu	to mail
局	jú	office
几	jǐ	how many, what, several
九	jiǔ	nine
七	qī	seven
西	xī	west
六	liù	six
心	xīn	heart
小	xiǎo	small
见	jiàn	to see
习	xí	to practise

二、字—词（词组）From characters to words (phrases)

大—小	大小	dàxiǎo	size
东—西	东西	dōngxi	thing
小—心	小心	xiǎoxīn	careful
学—习	学习	xuéxí	to study
汉—语	汉语	Hànyǔ	Chinese (language)
小—学	小学	xiǎoxué	primary school
大—学	大学	dàxué	university
同—学	同学	tóngxué	classmate
口—语	口语	kǒuyǔ	spoken language
学习—汉语	学习汉语	xuéxí Hànyǔ	to study Chinese
邮—局	邮局	yóujú	post office
去—邮局	去邮局	qù yóujú	to go to the post office
不—小心	不小心	bù xiǎoxīn	careless

三、注释 Notes

汉字基本知识（三）Basic knowledge about Chinese characters (III)

1. 笔画（三）Strokes (3)

笔画 Stroke	名称 Name	运笔方向 Writing	例字 Example
㇀	tí	㇀	习 汉
㇟	shùwāngōu	㇟	七 见
㇈	héngzhéwāngōu	㇈	九 几

2. 偏旁（二）Radicals (2)

偏旁 Radical	名称 Name	意义 Meaning	例字 Example
氵	sāndiǎnshuǐ	“氵”旁字多与水有关	汉 江
讠	yánzìpáng	“讠”旁字多与说话有关	语 计

3. 部件（二）Components (2)

几：机　凡　亮

心：念　想　必

见：觉　览　观

西：要　票　洒

4. 汉字结构（三）Structures of Chinese characters (3)

◆ 合体字（二）Multi-component characters (2)

上下结构：Top-bottom structure　学 学　去 去

四、练习 Exercises

● 描、写汉字 Trace and copy the following Chinese characters

学	8画 ˋ ˋˋ ˋˋ丿 ˋˋ冖 ⺍冖 学	学	学	学							
汉	5画 ˋ ˋˋ 氵 汉	汉	汉	汉							

语	9画	丶讠语语	语	语	语				
去	5画	一十土去去	去	去	去				
邮	7画	丨冂日由由由了邮	邮	邮	邮				
局	7画	乛コ尸局局	局	局	局				
几	2画	丿几	几	几	几				
九	2画	丿九	九	九	九				
七	2画	一七	七	七	七				
西	6画	一丅丙丙西西	西	西	西				
六	4画	丶亠六六	六	六	六				
心	4画	丶心心心	心	心	心				
小	3画	亅小小	小	小	小				
见	4画	丨冂贝见	见	见	见				
习	3画	乛习习	习	习	习				

根据拼音写汉字 Write the Chinese characters according to the *pinyin*

qī	jiǔ	xīn	xiǎo	jǐ	liù
______	______	______	______	______	______
xī	jiàn	xué	xí	Hàn	yǔ
______	______	______	______	______	______

给下列汉字、词注音

Write down the *pinyin* of the following characters and words

心	六	西	几	九
______	______	______	______	______
七	去	见	汉	语
______	______	______	______	______
学	邮	习	小	下
______	______	______	______	______
局	学习	汉语	邮局	
______	______	______	______	

描出下列汉字中与左边相同的笔画

Trace the strokes given in the left column in the Chinese characters that follow them

㇄：	吧	现	元	毛	包
㇀：	习	江	现	求	地
㇈：	九	杂	抛	轨	究

描出下列汉字中与左边相同的部件

Trace the components given in the left column in the Chinese characters that follow them

几：	机	凡	杭	虎
心：	必	想	您	感
见：	觉	视	现	览
西：	要	洒	漂	飘

第四课
Dì-sì kè

Lesson 4

一、生字 New characters

今	jīn	today
天	tiān	day
星	xīng	star
期	qī	period
二	èr	two
三	sān	three
四	sì	four
那	nà	that
儿	ér	son; *a suffix*
我	wǒ	I, me
回	huí	to come/go back (to)
校	xiào	school
再	zài	again
对	duì	right, correct
起	qǐ	to get up

二、字—词（词组）From characters to words (phrases)

今—天	今天	jīntiān	today
星—期	星期	xīngqī	week
星期—一	星期一	Xīngqīyī	Monday
星期—二	星期二	Xīngqī'èr	Tuesday
星期—三	星期三	Xīngqīsān	Wednesday
星期—四	星期四	Xīngqīsì	Thursday
星期—五	星期五	Xīngqīwǔ	Friday
星期—六	星期六	Xīngqīliù	Saturday
星期—天	星期天	Xīngqītiān	Sunday
那—儿	那儿	nàr	there
学—校	学校	xuéxiào	school
再—见	再见	zàijiàn	goodbye
对—不—起	对不起	duìbuqǐ	I'm sorry; to be sorry

三、注释 Notes

汉字基本知识（四）Basic knowledge about Chinese characters (Ⅳ)

1. 偏旁（三）Radicals (3)

偏旁 Radical	名称 Name	例字 Example
阝	yòu'ěrdāo	那　邮

2. 部件（三）Components (3)

儿：元　先　光

人：今　舍　茶

月：服　期　青

寸：对　导　过

3. 汉字结构（四）Structures of Chinese characters (4)

◆ 合体字（三）Multi-component characters (3)

半包围：
Semi-surrounded structure　同　这　床　同

全包围：
Surrounded structure　回　四　回

四、练习 Exercises

● 描、写汉字 Trace and copy the following Chinese characters

今	4画	丿 人 亼 今	今	今	今							
天	4画	一 二 チ 天	天	天	天							
星	9画	丨 冂 日 日 日 旦 旦 旦 星	星	星	星							
期	12画	一 十 廾 廾 甘 甘 其 其 其 期 期 期	期	期	期							
二	2画	一 二	二	二	二							

三	3画 一 二 三	三	三	三				
四	5画 丨 冂 冂 四 四	四	四	四				
那	6画 ㇆ ㇆ 彐 月 那	那	那	那				
儿	2画 丿 儿	儿	儿	儿				
我	7画 丿 二 于 手 扌 我 我	我	我	我				
回	6画 丨 冂 冋 回	回	回	回				
校	10画 一 十 才 木 杧 柼 校	校	校	校				
再	6画 一 丆 冂 而 再 再	再	再	再				
对	5画 ㇇ 又 又 对 对	对	对	对				
起	10画 一 十 土 キ 丰 走 走 起 起 起	起	起	起				

根据拼音写汉字 Write the Chinese characters according to the *pinyin*

wǒ	ér	tiān	èr	sān
________	________	________	________	________
sì	qī	zài	jīn	xiào
________	________	________	________	________
xīng	huí	qǐ	nà	duì
________	________	________	________	________

给下列汉字、词注音

Write down the *pinyin* of the following characters and words

今	星	我	三	四
______	______	______	______	______
儿	期	起	对	回
______	______	______	______	______
那	再	天	二	校
______	______	______	______	______
学校	再见	星期	今天	对不起
______	______	______	______	______

描出下列汉字中与左边相同的部件

Trace the components given in the left column in the Chinese characters that follow them

儿：	兄	光	兆	说
人：	合	个	认	容
月：	明	请	肥	有
寸：	村	寻	府	谢

第五课
Dì-wǔ kè
Lesson 5

一、生字 New characters

这	zhè	this
是	shì	to be (am, are, is, etc.)
老	lǎo	*a prefix*
师	shī	master
请	qǐng	please
进	jìn	to enter, to come in
喝	hē	to drink
茶	chá	tea
谢	xiè	to thank
客	kè	guest
气	qì	manner, bearing
身	shēn	body
体	tǐ	body
十	shí	ten
日	rì	sun, day
也	yě	also

他	tā	he, him
她	tā	she, her

二、字—词（词组）—句子 From characters to words (phrases) and sentences

这—是	这是	zhè shì	this is
不—是	不是	bú shì	to not be
老—师	老师	lǎoshī	teacher
老师—好	老师好！	Lǎoshī hǎo!	Hello, teacher!
请—进	请进！	Qǐng jìn!	Come in, please!
喝—茶	喝茶	hē chá	to drink tea
谢—谢	谢谢	xièxie	thanks
谢谢—你	谢谢你。	Xièxie nǐ.	Thank you.
不—客—气	不客气。	Bú kèqi.	You're welcome.
身—体	身体	shēntǐ	body, health

三、课文 Texts

会话 05-1

A：老师好。

B：你好。

▪ ▪ ▪ ▪ ▪ ▪

A：请进！你好，老师。

B：你好！

A：请坐！老师，请喝茶。
B：谢谢！
A：不客气。

四、注释 Notes

汉字基本知识（五）Basic knowledge about Chinese characters (V)

1. 偏旁（四）Radicals (4)

偏旁 Radical	名称 Name	例字 Example
辶	zǒuzhī	这　进
艹	cǎozìtóu	茶　英

2. 部件（四）Components (4)

也：他　她　拖
十：什　支　早　博
巾：师　市　帽
女：她　安　好

3. 汉字结构（小结）Structures of Chinese characters (Summary)

（1）独体字　大　口　马 □

（2）合体字
①左右结构：你　好 □　谢 □　语 □

②上下结构：是 字  京 意 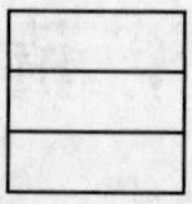

③半包围：这 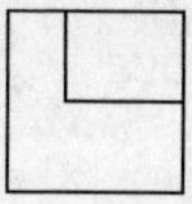 床  同 

④全包围：回 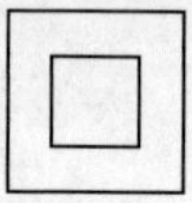

五、练习 Exercises

● **根据拼音写汉字** Write the Chinese characters according to the *pinyin*

zhè	yě	tā	shí	lǎo
______	______	______	______	______
shī	shēn	xiè	hē	chá
______	______	______	______	______
rì	tǐ	jìn	shì	kè
______	______	______	______	______

● **给下列汉字、词注音**
Write down the *pinyin* of the following characters and words

她	也	谢	师	身
______	______	______	______	______
老	体	喝	茶	十
______	______	______	______	______

日	请	进	他	这
______	______	______	______	______

是	老师	身体	谢谢	客气
______	______	______	______	______

描、写汉字 Trace and copy the following Chinese characters

这	7画	丶亠ナ文文汶这	这	这	这					
是	9画	丨冂日日旦早早昰是	是	是	是					
老	6画	一十土耂耂老	老	老	老					
师	6画	丨リリ一リ厂リ斤师	师	师	师					
请	10画	讠 请	请	请	请					
进	7画	一二キ井进	进	进	进					
喝	12画	口口'口冂口曰口曰口日口旦口曷喝	喝	喝	喝					
茶	9画	一十艹艹艾艾苓茶茶	茶	茶	茶					
谢	12画	讠讠讠谢谢	谢	谢	谢					
客	9画	宀安客	客	客	客					
气	4画	ノ𠂉气气	气	气	气					
身	7画	′亻亻自自身身	身	身	身					
体	7画	亻 体	体	体	体					

十	2画 一十	十	十	十							
日	4画 丨冂月日	日	日	日							
也	3画 乛㐌也	也	也	也							
他	5画 亻他	他	他	他							
她	6画 女她	她	她	她							

描出下列汉字中与左边相同的部件

Trace the components given in the left column in the Chinese characters that follow them

也：	他	池	地	施
十：	叶	估	毕	协
巾：	帅	常	布	帆
女：	好	委	妆	案

第六课 Dì-liù kè Lesson 6

一、生字 New characters

贵	guì	honorable
姓	xìng	to be surnamed; family name
叫	jiào	to call, to name
名	míng	name
字	zì	character
哪	nǎ	which
国	guó	country, nation
难	nán	difficult
很	hěn	very
发	fā	to utter
音	yīn	sound
什	shén	
么	me	
书	shū	book
谁	shéi/shuí	who

的	de	*a particle used after an attributive to indicate possession*
朋	péng	friend
友	yǒu	friend

二、字—词（词组）From characters to words (phrases)

贵—姓	贵姓	guìxìng	your (honorable) family name
名—字	名字	míngzi	name
汉—字	汉字	Hànzì	Chinese character(s)
中—国	中国	Zhōngguó	China
美—国	美国	Měiguó	the U.S.A.
中国—人	中国人	Zhōngguórén	Chinese (people)
美国—人	美国人	Měiguórén	American (people)
哪—国—人	哪国人	nǎ guó rén	person from which country
发—音	发音	fāyīn	pronunciation; to pronounce
很—难	很难	hěn nán	very difficult
什—么	什么	shénme	what
朋—友	朋友	péngyou	friend

三、课文 Texts

会话 06-1

A：你好！

B：你好！

A：请问，你叫什么名字？

B：我叫安娜。

A：你是哪国人？

B：我是美国人。你是哪国人？

A：我是日本人，我叫田中。认识你很高兴。

B：认识你，我也很高兴。

安娜 Ānnà
Anna, name of a person

田中 Tiánzhōng
Tanaka, name of a person

A：你好！安娜。

B：你好！田中。

A：安娜，这是谁的书？

B：我的书。

A：这是你的英文杂志吗？

B：不是。

四、注释 Notes

汉字基本知识（六）Basic knowledge about Chinese characters (Ⅵ)

1. 偏旁（五）Radicals (5)

偏旁 Radical	名称 Name	例字 Example
彳	shuāngrénpáng	很　行

2. 部件（五）Components（5）

贝：贵　贺　财

子：字　孙　好

艮：很　银　良

立：章　站　位

五、练习 Exercises

● **根据拼音写汉字** Write the Chinese characters according to the *pinyin*

míngzi　fāyīn　Zhōngguó　hěn nán

________ ________ ________ ________

péngyou　Hànzì　shénme

________ ________ ________

● **给下列词语注音** Write down the *pinyin* of the following words (phrases)

中国人　哪国人　发音难　谁的书　我朋友

________ ________ ________ ________ ________

● **将下列汉字按偏旁归类**
Classify the following Chinese characters according to their radicals

妈　叫　那　姓　安　吗　邮　姐　字　呢　好　部　宜

宀：

阝：

口：

女：

描出下列汉字中与左边相同的部件

Trace the components given in the left column in the Chinese characters that follow them

贝：	贸	赃	质	损
子：	学	孟	孔	存
艮：	银	跟	痕	垦
立：	竖	章	端	粒

描、写汉字 Trace and copy the following Chinese characters

贵	9画	中 虫 冉 冉 贵 贵	贵	贵	贵					
姓	8画	女 女 女 女 女 姓 姓	姓	姓	姓					
叫	5画	口 叫 叫	叫	叫	叫					
名	6画	ノ ク 夕 名	名	名	名					
字	6画	` 丶 宀 字	字	字	字					
哪	9画	口 叩 哪	哪	哪	哪					
国	8画	丨 冂 冂 冃 冃 囯 国 国	国	国	国					
难	10画	又 对 对 对 对 欢 难 难	难	难	难					
很	9画	ノ ノ 彳 彳 彳 彳 很 很 很	很	很	很					

发	5画	㇀ ナ 方 发 发	发	发	发				
音	9画	丶 亠 亡 立 音	音	音	音				
什	4画	亻 什	什	什	什				
么	3画	丿 么	么	么	么				
书	4画	㇇ ㇉ 书 书	书	书	书				
谁	10画	讠 讠 讠 讠 讠 讠 谁 谁	谁	谁	谁				
的	8画	白 白 的 的	的	的	的				
朋	8画	丿 刀 月 月 朋	朋	朋	朋				
友	4画	一 ナ 友	友	友	友				

六、课外练习 Exercises after class

查字（词）典 Look up the characters (words) in a dictionary

查字（词）典有几种常见的方法，下面以《现代汉语词典》(第 7 版）为例说明。

（1）拼音查字法

知道汉字的读音，可直接在音节表里查找这个字音节的页码，然后根据页码，到词典正文中查找你要查的字。

例：rén（人）

先在音节表中找到 rén 的页码是 1096，然后再到 1096 页 rén 音节中就可以查到关于“人”字的条目了。

（2）**部首查字法**

知道汉字的写法而不知道它的读音时，可用部首查字法。

例：屋

首先划分出“屋”是由“尸”和“至”组成的，确定“屋”的部首是“尸”，“尸”的笔画数是3画，然后到部首检字表的部首目录三画下找到“尸”的页码31，再到检字表31页找到“尸”部，“至”是6画，因此在尸部四至六画中就可找到“屋”的页码是1380，最后在正文的1380页就可查到“屋”字和由“屋”字打头的词。

（3）**笔画查字法**

汉字中有些字不容易划分出偏旁部首，你又不知道它的读音，这时可以用笔画查字法，在难检字笔画索引中找到这个字，然后根据页码，到词典正文中查找这个字。

例：兴

“兴”共有6画，在难检字笔画索引六画字中可以找到“兴”的正文页码是1462和1469，那么我们到正文的1462页和1469页就可以分别查到“兴”字。

第七课
Dì-qī kè

Lesson 7

一、生字 New characters

吃	chī	to eat
饭	fàn	meal, cooked rice
馒（头）	mán (tou)	*mantou*, steamed bun
头	tóu	head
要	yào	to want, to desire
个	gè	*used before nouns without a special measure word of their own*
米	mǐ	rice
碗	wǎn	bowl
鸡	jī	chicken
蛋	dàn	egg
汤	tāng	soup
啤（酒）	pí (jiǔ)	beer
酒	jiǔ	wine, alcoholic drink

些	xiē	some
饺（子）	jiǎo (zi)	*jiaozi*, dumpling
包（子）	bāo (zi)	*baozi*, steamed stuffed bun
面	miàn	flour
条	tiáo	strip, slip

二、字—词（词组）From characters to words (phrases)

吃—饭	吃饭	chī fàn	to eat a meal
馒—头	馒头	mántou	*mantou*, steamed bun
米—饭	米饭	mǐfàn	cooked rice
鸡—蛋	鸡蛋	jīdàn	egg
啤—酒	啤酒	píjiǔ	beer
饺—子	饺子	jiǎozi	*jiaozi*, dumpling
包—子	包子	bāozi	*baozi*, steamed stuffed bun
面—条—儿	面条儿	miàntiáor	noodles
面—包	面包	miànbāo	bread
吃—米饭	吃米饭	chī mǐfàn	to eat rice
吃—饺子	吃饺子	chī jiǎozi	to eat dumplings
鸡蛋—汤	鸡蛋汤	jīdàntāng	egg soup
喝—啤酒	喝啤酒	hē píjiǔ	to drink beer

三、课文 Texts

会话 07-1

A：你们好！

B、C：你好！

A：你们吃什么？

B：我要饺子。

C：我也要饺子。

A：喝什么？

B：我要啤酒。你呢？

C：我不要。

A：好的。

四、练习 Exercises

● 根据拼音写汉字 Write the Chinese characters according to the *pinyin*

chī fàn ________ jiǎozi ________ miàntiáor ________ jīdàntāng ________

píjiǔ ________ mǐfàn ________ bāozi ________ mántou ________

● 给下列汉字注音 Write down the *pinyin* of the following Chinese characters

吃 ________ 包 ________ 面 ________ 米 ________ 条 ________ 鸡 ________

蛋 个 头 汤 饺 馒

______ ______ ______ ______ ______ ______

饭 要 酒 啤 碗

______ ______ ______ ______ ______

将下列汉字按偏旁归类
Classify the following Chinese characters according to their radicals

饺 吃 鸡 馒 汤 饭 对 喝 叫 难

馆 汉 啤 流 饿 没 艰 湖 听 双

饣：

口：

氵：

又：

描出下列汉字中与左边相同的部件
Trace the components given in the left column in the Chinese characters that follow them

米：	粒	迷	继	类
反：	饭	返	贩	板
虫：	蛋	虾	蚀	虽

描、写汉字 Trace and copy the following Chinese characters

吃	6画 口 口' 口⺈ 吃	吃	吃	吃						

饭	7画	饣 饭	饭	饭	饭				
馒	14画	饣 饣⺜ 饣曰罒 馒	馒	馒	馒				
头	5画	丶 丷 三 头 头	头	头	头				
要	9画	覀 要	要	要	要				
个	3画	人 个	个	个	个				
米	6画	丶 丷 丷 半 米 米	米	米	米				
碗	13画	一 丆 不 石 石 石 石 石宀 矿 矿 矿 矿 碗	碗	碗	碗				
鸡	7画	又 又 又 又勹 鸡 鸡	鸡	鸡	鸡				
蛋	11画	一 丆 下 尸 疋 疋 疍 疍 蛋 蛋 蛋	蛋	蛋	蛋				
汤	6画	氵 汅 汤 汤	汤	汤	汤				
啤	11画	口 口 口 口白 口白 口白 口申 口卑 啤	啤	啤	啤				
酒	10画	氵 氵一 氵丆 氵丙 氵丙 氵西 氵酉 酒	酒	酒	酒				
些	8画	丨 卜 止 止匕 此 此 些	些	些	些				
饺	9画	饣 饺	饺	饺	饺				
包	5画	丿 勹 匀 匀 包	包	包	包				
面	9画	一 丆 丆 丙 丙 而 而 而 面	面	面	面				
条	7画	丿 ク 夂 冬 夅 条 条	条	条	条				

五、课外练习 Exercises after class

组成和分解汉字 Character combination and separation

（1）组字 Combination

马 那 乞 卑 尼

口：________________________________（左右结构）

立 生 勿

日：________________________________（上下结构）

（2）分解 Separation

他 ／＼ __ __　她 ／＼ __ __　馒 ／＼ __ __　慢 ／＼ __ __

鸡 ／＼ __ __　鸭 ／＼ __ __　饺 ／＼ __ __　较 ／＼ __ __

查字典，给下列汉字注音

Consult a dictionary and write down the *pinyin* of the following Chinese characters

他____ 她____　饺____ 较____　米____ 来____　包____ 句____

午____ 牛____　啤____ 牌____　些____ 此____

第八课
Dì-bā kè
Lesson 8

一、生字 New characters

买	mǎi	to buy
水	shuǐ	water
果	guǒ	fruit
苹（果）	píng (guǒ)	apple
斤	jīn	*jin*, a unit of weight (1 *jin* = 0.5 kilogram)
多	duō	many, a lot of
少	shǎo	few, little
钱	qián	money
块	kuài	*kuai* (*yuan*), a basic unit of money in China
便	pián	
宜	yí	suitable
别（的）	bié (de)	other
橘	jú	tangerine
卖	mài	to sell
两	liǎng	two

共	gòng	altogether
毛	máo	*mao* (*jiao*), 10% of one *kuai*
给	gěi	to give
找	zhǎo	to give change

二、字—词（词组）From characters to words (phrases)

水—果	水果	shuǐguǒ	fruit
苹—果	苹果	píngguǒ	apple
橘—子	橘子	júzi	tangerine
公—斤	公斤	gōngjīn	kilogram
多—少	多少	duōshao	how much, how many
便—宜	便宜	piányi	inexpensive, cheap
别—的	别的	bié de	other
一—共	一共	yígòng	altogether
两—个	两个	liǎng gè	two
两—斤	两斤	liǎng jīn	two *jin* (a kilogram)
两—毛	两毛	liǎng máo	two *mao*
两—块	两块	liǎng kuài	two *kuai*
买—什么	买什么	mǎi shénme	what (do you want) to buy
买—苹果	买苹果	mǎi píngguǒ	to buy apples
多少—钱	多少钱	duōshao qián	how much does it cost

三、课文 Texts

会话 08-1

A：小姐，您买什么？

B：我买苹果。多少钱一斤？

A：六块钱一斤。买多少？

B：两斤。

■ ■ ■ ■ ■ ■

A：小姐，我买橘子。橘子怎么卖？

B：这种五块钱一斤，那种六块。

种 zhǒng kind, type

A：我买这种。

B：好。您要多少？

A：要两斤。

B：十块钱。还要别的吗？

A：再要两个苹果。

再 zài and also, in addition

B：两个苹果七块五。一共十七块五。

A：给你二十块。

B：找您两块五。再见！

A：再见！

四、练习 Exercises

根据拼音写汉字 Write the Chinese characters according to the *pinyin*

píngguǒ　　júzi　　shuǐguǒ　　bié de　　yígòng

________　________　________　________　________

duōshao　　mǎi　　mài　　piányi

________　________　________　________

给下列词语注音 Write down the *pinyin* of the following words

橘子　　水果　　多少　　一共　　苹果

________　________　________　________　________

别的　　公斤　　便宜　　公共（public）　　别人（others）

________　________　________　________　________

将下列汉字按偏旁归类
Classify the following Chinese characters according to their radicals

苹　块　橘　桃　别　草　到　地

椅　则　坏　花　剧　场　药　杏

土：

刂：

木（木）：

艹：

描出下列汉字中与左边相同的部件

Trace the components given in the left column in the Chinese characters that follow them

斤：	听	所	近	欣
水：	冰	泉	尿	泵
力：	加	动	劳	别

描、写汉字 Trace and copy the following Chinese characters

买	6画	乛 买	买	买	买				
水	4画	亅刁水水	水	水	水				
果	8画	口日旦旦 甲果果	果	果	果				
苹	8画	艹艹艹艹艹苹	苹	苹	苹				
斤	4画	丿厂斤斤	斤	斤	斤				
多	6画	丿夕夕多	多	多	多				
少	4画	小 少	少	少	少				
钱	10画	丿𠂉𠂉钅钅 钅钅钱钱钱	钱	钱	钱				
块	7画	一十土土土坱块	块	块	块				
便	9画	丿亻亻仁仁 佰佰便便	便	便	便				
宜	8画	宀宀宀宀宜宜	宜	宜	宜				
别	7画	口号另别别	别	别	别				

橘	16画	林 杧 杩 杼 杼 杼 桥 橘 橘	橘	橘	橘				
卖	8画	十 卖	卖	卖	卖				
两	7画	一 丅 冂 丙 丙 两 两	两	两	两				
共	6画	一 十 廾 丗 共 共	共	共	共				
毛	4画	丿 二 三 毛	毛	毛	毛				
给	9画	㇜ 纟 纟 纵 纵 给	给	给	给				
找	7画	扌 扌 扎 找 找	找	找	找				

五、课外练习 Exercises after class

组成和分解汉字 Character combination and separation

（1）组字 Combination

兆 奇 木 交 羊

木：________________________（左右结构）

口 一 廾 丘 直

八：________________________（上下结构）

（2）分解 Separation

块 ／＼ ___ ___　　桃 ／＼ ___ ___　　别 ／＼ ___ ___　　的 ／＼ ___ ___

杯 ／＼ ___ ___　　剧 ／＼ ___ ___　　城 ／＼ ___ ___　　树 ／＼ ___ ___

查字典，给下列汉字注音

Consult a dictionary and write down the *pinyin* of the following Chinese characters

买____	多____	少____	两____	共____
实____	名____	小____	西____	只____
还____	果____	斤____	块____	
这____	呆____	斤____	快____	

第九课
Dì-jiǔ kè

Lesson 9

一、生字 New characters

上	shàng	up, above
下	xià	down, below, under
午	wǔ	noon
图	tú	picture, map
馆	guǎn	a place for cultural or sports activities
银	yín	silver
行	háng	business firm
换	huàn	to change, to exchange
姐	jiě	elder sister
民	mín	people
币	bì	money, currency
百	bǎi	hundred
元	yuán	*yuan,* a basic unit of money in China
等	děng	to wait

（一）会（儿）	(yí) huì (r)	(a) moment
先	xiān	first
生	shēng	*a suffix for some nouns denoting people*
数	shǔ	to count

二、字—词（词组）From characters to words (phrases)

上—午	上午	shàngwǔ	morning
下—午	下午	xiàwǔ	afternoon
图书—馆	图书馆	túshūguǎn	library
小—姐	小姐	xiǎojiě	Miss, young lady
姐—姐	姐姐	jiějie	elder sister
先—生	先生	xiānsheng	Mr., sir
学—生	学生	xuésheng	student
银—行	银行	yínháng	bank
人民—币	人民币	rénmínbì	*Renminbi* (RMB), the official currency of China
美—元	美元	měiyuán	US dollar
换—钱	换钱	huàn qián	to change money
二百—元	二百元	èrbǎi yuán	two hundred *yuan*
一—会儿	一会儿	yíhuìr	a little while
等—一会儿	等一会儿	děng yíhuìr	to wait a while

三、课文 Texts

会话 09-1

A：安娜，你去哪儿？

B：我去中国银行换钱。

A：我也要换钱，我们一起去，好吗？

B：好。

一起 yìqǐ together

■ ■ ■ ■ ■ ■

A：先生，您好！

B：您好！我要换钱。

A：您换什么钱？

B：人民币。

A：换多少？

B：500 美元的人民币。请问，今天 1 美元换多少人民币？

A：1 美元换 7.02 元人民币。

B：谢谢。给您钱，500 美元。

A：给您钱，3510 元人民币。请数一数。

B：谢谢。

A：不客气。

四、练习 Exercises

根据拼音写汉字 Write the Chinese characters according to the *pinyin*

yínháng　měiyuán　xiānsheng　xiǎojiě　rénmínbì

______　______　______　______　______

děng yíhuìr　shàngwǔ　xiàwǔ　túshūguǎn

______　______　______　______

给下列词语注音 Write down the *pinyin* of the following words

换钱　先生　小姐　下午　美元

______　______　______　______　______

银行　上午　学生　人民币　不客气

______　______　______　______　______

将下列汉字按偏旁归类

Classify the following Chinese characters according to their radicals

银　行　钱　多　很　换　客　名　得　打

字　往　家　岁　针　把　安　报　找　宜

钅：

彳：

扌：

夕：

宀：

描出下列汉字中与左边相同的部件

Trace the components given in the left column in the Chinese characters that follow them

冬：	图	疼	终	咚
元：	完	玩	远	园
厶：	么	去	会	台

描、写汉字 Trace and copy the following Chinese characters

上	3画 丨 ⺊ 上	上	上	上				
下	3画 一 丅 下	下	下	下				
午	4画 丿 𠂉 𠂉 午	午	午	午				
图	8画 丨 冂 冂 冈 冈 冈 图 图	图	图	图				
馆	11画 饣 饣 饣 饣 饣 馆 馆	馆	馆	馆				
银	11画 钅 银	银	银	银				
行	6画 彳 彳 行 行	行	行	行				
换	10画 扌 扌 扌 扌 扌 扌 换 换	换	换	换				
姐	8画 女 姐	姐	姐	姐				
民	5画 ㇕ ㇕ 巳 巳 民	民	民	民				
币	4画 一 ㇒ 巾 币	币	币	币				
百	6画 一 百	百	百	百				

元	4画 一二テ元	元	元	元				
等	12画 ノ𠂉𥫗𥫗竺竺竺竽笙笙等等	等	等	等				
会	6画 人𠆢亼会会会	会	会	会				
先	6画 ノ𠂉⺧生𠂒先	先	先	先				
生	5画 ノ𠂉𠂇牛生	生	生	生				
数	13画 米娄娄数数数	数	数	数				

五、课外练习 Exercises after class

组成和分解汉字 Character combination and separation

(1) 组字 Combination

马　子　且　生　也　台

女：________________________（左右结构）

二　口　古　生

儿：________________________（上下结构）

(2) 分解 Separation

银　换　行　给　姐

／＼　／＼　／＼　／＼　／＼

__ __　__ __　__ __　__ __　__ __

找　　等　　待　　妹　　钢

／＼　／＼　／＼　／＼　／＼

__ __　__ __　__ __　__ __　__ __

查字典，给下列汉字注音

Consult a dictionary and write down the *pinyin* of the following Chinese characters

元____	姐____	银____	币____
无____	组____	很____	市____
白____	会____	客____	先____
百____	舍____	容____	告____

第十课 Dì-shí kè Lesson 10

一、生字 New characters

问	wèn	to ask
室	shì	room
在	zài	to be in/at; in/at
家	jiā	home; *a measure word for families, companies, shops, etc.*
呢	ne	*a modal particle used at the end of a declarative sentence to indicate the continuation of an action or a situation*
住	zhù	to live, to reside
楼	lóu	building
房	fáng	house, room
间	jiān	room
号	hào	number
知	zhī	to know
道	dào	to say, to speak
电	diàn	electricity
话	huà	word，speech
码	mǎ	sign or thing indicating number
手	shǒu	hand
机	jī	machine

二、字—词（词组）—句子 From characters to words (phrases) and sentences

办公—室	办公室	bàngōngshì	office
学—号	学号	xuéhào	student ID number
号—码	号码	hàomǎ	number
电—话	电话	diànhuà	telephone
电话—号码	电话号码	diànhuà hàomǎ	telephone number
知—道	知道	zhīdào	to know
大—家	大家	dàjiā	everybody
国—家	国家	guójiā	country, nation
房—间	房间	fángjiān	room
房—子	房子	fángzi	house, room
请—问	请问	qǐngwèn	May I ask...?
不—知道	不知道	bù zhīdào	don' t know
你—呢	你呢？	Nǐ ne?	And you?

三、课文 Texts

会话 10–1

A：你好！你找谁？

B：我找玛丽。她住几号？

A：她住 308 号。

B：谢谢！

A：不客气。

B：玛丽，你好！

A：您好！王老师。

B：安娜住几号楼，你知道吗？

A：她住3号楼105号。

B：她的电话号码是多少？

A：对不起，我不知道。

四、练习 Exercises

根据拼音写汉字 Write the Chinese characters according to the *pinyin*

bàngōngshì　　diànhuà　　zhīdào　　hàomǎ

________　________　________　________

wèn　　shéi/shuí　　zhǎo　　lóu

________　________　________　________

给下列词语注音 Write down the *pinyin* of the following words

号码　　知道　　电话　　办公室

________　________　________　________

办公楼（office building）　大家（everybody）　国家（country, nation）

________　________　________

将下列汉字按偏旁归类

Classify the following Chinese characters according to their radicals

问 谁 码 知 道 话 矿 短 间 近

语 矮 阅 进 碗 闹 这 读 硬 选

矢：

门：

讠：

石：

辶：

描出下列汉字中与左边相同的部件

Trace the components given in the left column in the Chinese characters that follow them

土：在 去 至 基

舌：适 刮 活 甜 阔

主：住 注 往 柱

描、写汉字 Trace and copy the following Chinese characters

问	6画 门问	问	问	问					
室	9画 宀宀宀宀 宀宀室	室	室	室					
在	6画 一ナオ在在在	在	在	在					
家	10画 宀宀宀宀 宀宀宀家	家	家	家					

呢	8画	口 口ˉ 口ᄀ 叩 叩 呢	呢	呢	呢				
住	7画	亻 亻丶 亻亠 仨 仹 住	住	住	住				
楼	13画	木 木米 楼	楼	楼	楼				
房	8画	丶 亠 ⺕ 户 房	房	房	房				
间	7画	门 间	间	间	间				
号	5画	口 口一 号	号	号	号				
知	8画	丿 𠂉 ⺧ 矢 知	知	知	知				
道	12画	丷 䒑 䒑 产 首 首 首 首 道	道	道	道				
电	5画	丨 冂 日 日 电	电	电	电				
话	8画	讠 讠丿 讠二 讠千 话	话	话	话				
码	8画	石 码	码	码	码				
手	4画	一 二 三 手	手	手	手				
机	6画	木 朾 机	机	机	机				

五、课外练习 Exercises after class

组成和分解汉字 Character combination and separation

（1）组字 Combination

戈　丁　是　立　奂　妥

扌：________________________（左右结构）

舌 吾 只 炎 宜 己

讠：____________________________（左右结构）

文 不 首 大 斤 关

辶：____________________________（半包围结构）

（2）分解 Separation

找 楼 谁 知 话

／＼ ／＼ ／＼ ／＼ ／＼

__ __ __ __ __ __ __ __ __ __

打 桥 短 授

／＼ ／＼ ／＼ ／＼

__ __ __ __ __ __ __ __

查字典，给下列汉字注音

Consult a dictionary and write down the *pinyin* of the following Chinese characters

找____ 问____ 码____ 话____

我____ 间____ 妈____ 活____

电____ 住____ 手____

由____ 往____ 毛____

第十一课
Dì-shíyī kè
Lesson 11

一、生字 New characters

介	jiè	
绍	shào	
位	wèi	*a measure word for people*
王	Wáng	Wang, a Chinese surname
教	jiào	to teach
授	shòu	to teach
长	zhǎng	older, elder
欢	huān	joyful
迎	yíng	to greet, to welcome
留	liú	to stay, to study abroad
们	men	*a suffix indicating plural number*
都	dōu	all, both
和	hé	and
俩	liǎ	two
没	méi	to not have, no, have not

二、字—词（词组）From characters to words (phrases)

介—绍	介绍	jièshào	to introduce
教—授	教授	jiàoshòu	professor
教—室	教室	jiàoshì	classroom
校—长	校长	xiàozhǎng	head of a school, president (of a university), principal
欢—迎	欢迎	huānyíng	to greet, to welcome
留学—生	留学生	liúxuéshēng	international student
我—们	我们	wǒmen	we, us
你—们	你们	nǐmen	you (*plural*)
他—们	他们	tāmen	they, them
她—们	她们	tāmen	they, them (*female*)
我们—俩	我们俩	wǒmen liǎ	both of us
你们—俩	你们俩	nǐmen liǎ	both of you
他们—俩	他们俩	tāmen liǎ	both of them

三、课文 Texts

会话 11-1

A：你们是留学生吧？

B：对，我们都是留学生。我叫山田，是日本人。

A：你是英国人吧？

C：不是，我是美国留学生。

A：对不起。

C：没关系。

A：你们学习什么？

B：我们学习汉语。

A：你们学校留学生多吗？

C：很多，美国人、日本人、韩国人、法国人、意大利人……

A：这么多！

B：对，我们学校就是一个“小联合国”。

这么 zhème so, such

联合国 Liánhéguó the United Nations

四、练习 Exercises

● 根据拼音写汉字 Write the Chinese characters according to the *pinyin*

jiàoshòu liúxuéshēng jièshào xiàozhǎng huānyíng

________ ________ ________ ________ ________

wǒmen nǐmen tāmen

________ ________ ________

● 给下列词语注音 Write down the *pinyin* of the following words

留学生 校长 教授 教室 我们

________ ________ ________ ________ ________

你们　　他们

________　________

将下列汉字按偏旁归类
Classify the following Chinese characters according to their radicals

没　教　法　对　改　和　洗　欢　绍　科

红　数　种　双　练　注　租　放　给　劝

氵：

攵：

又：

禾：

纟：

描出下列汉字中与左边相同的部件
Trace the components given in the left column in the Chinese characters that follow them

王：	全	弄	望	呈	逛
欠：	欢	吹	砍	软	资
者：	都	猪	煮	著	堵

描、写汉字 Trace and copy the following Chinese characters

介	4画 人介介	介	介	介							
绍	8画 纟纫纫绍	绍	绍	绍							
位	7画 亻亻亻亻亻位位	位	位	位							

王	4 画	一 二 干 王	王	王	王				
教	11 画	一 十 土 耂 孝 孝 孝 孝 教 教	教	教	教				
授	11 画	扌 扌 扌 扌 扌 扌 扌 授	授	授	授				
长	4 画	ノ 一 长 长	长	长	长				
欢	6 画	又 又 欢 欢 欢	欢	欢	欢				
迎	7 画	丿 ㇄ 卬 卬 迎	迎	迎	迎				
留	10 画	丿 ㇄ 卬 卯 卯 卯 留 留 留 留	留	留	留				
们	5 画	亻 们	们	们	们				
都	10 画	一 十 土 耂 者 都	都	都	都				
和	8 画	丿 二 千 禾 禾 和	和	和	和				
俩	9 画	亻 俩	俩	俩	俩				
没	7 画	氵 氵 氵 没	没	没	没				

五、课外练习 Exercises after class

组成和分解汉字 Character combination and separation

（1）组字 Combination

口 且 中 火 斗 只

禾：________________________________（左右结构）

孝　娄　贝　方　古　正

文：______________________（左右结构）

（2）分解 Separation

没	授	都	校
／＼	／＼	／＼	／＼
__ __	__ __	__ __	__ __
绍	们	欢	俩
／＼	／＼	／＼	／＼
__ __	__ __	__ __	__ __

查字典，给下列汉字注音

Consult a dictionary and write down the *pinyin* of the following Chinese characters

没____　俩____　校____　长____
沿____　辆____　较____　卡____

和____　欢____　都____
种____　吹____　部____

阅读短文 Read the passage

我是日本留学生，我叫山田。我家在日本东京（Dōngjīng, Tokyo）。我在北京语言大学学习汉语。

这是我朋友安娜，她是美国人。那是我朋友玛丽，她是英国人。她们都是留学生，她们也在北京语言大学学习汉语。

第十二课
Dì-shí'èr kè

Lesson 12

一、生字 New characters

北	běi	north
京	jīng	capital of a country
言	yán	word, speech
怎	zěn	how
样	yàng	appearance, pattern
觉	jué	to feel
得	de	
法	fǎ	law, method
听	tīng	to listen
说	shuō	to say, to speak
比	bǐ	to compare
较	jiào	comparatively
容	róng	
易	yì	easy
但	dàn	but

读	dú	to read
写	xiě	to write
新	xīn	new
屋	wū	room
班	bān	class

二、字—词（词组）From characters to words (phrases)

北—京	北京	Běijīng	Beijing
语—言	语言	yǔyán	language
怎么—样	怎么样	zěnmeyàng	(*inquiring about nature, condition, manner, etc.*) how
觉—得	觉得	juéde	to feel, to think
语—法	语法	yǔfǎ	grammar
听—说	听说	tīng shuō	to hear of
比—较	比较	bǐjiào	relatively; to compare
容—易	容易	róngyì	easy
但—是	但是	dànshì	but
读—书	读书	dú shū	to read
写—字	写字	xiě zì	to write
同—屋	同屋	tóngwū	roommate
同—班	同班	tóngbān	classmate

三、课文 Texts

会话 12-1

A：你好！

B：你好！

A：你是留学生吧？

B：对，我是北京语言大学的留学生，我在那儿学习汉语。

A：汉语难吗？

B：我觉得汉语语法不太难，听和说也不太难，但是读和写很难。

■ ■ ■ ■ ■ ■

A：你好！你是留学生吗？

B：对，我是北语的留学生。你呢？

A：我也是。

B：我们是同学。你在哪个班？

A：我在 1302 班。你呢？

B：1503 班。

A：你觉得汉语难学吗？

B：我觉得汉语语法不难，可是发音、汉字都很难。

A：我觉得汉字最难。

B：对。我每天都写汉字。

A：我也是。

最 zuì most, -est

每天 měi tiān every day

四、练习 Exercises

根据拼音写汉字 Write the Chinese characters according to the *pinyin*

Běijīng　　yǔyán　　dàxué　　zěnmeyàng　　yǔfǎ

________　________　________　________　________

juéde　　bǐjiào　　dànshì　　róngyì

________　________　________　________

给下列词语注音 Write down the *pinyin* of the following words

北京语言大学　　觉得　　但是　　容易

________________　________　________　________

怎么样　　比较　　语法　　写汉字 (to write Chinese characters)

________　________　________　________

说汉语 (to speak Chinese)　　同班同学 (classmate)　　新书 (new book)

________　________　________

将下列汉字按偏旁归类

Classify the following Chinese characters according to their radicals

新 班 京 怎 写 玩 念 军 六

所 想 冠 交 断 理 您 亮 球

王：

亠：

心：

冖：

斤：

描出下列汉字中与左边相同的部件

Trace the components given in the left column in the Chinese characters that follow them

乍：	怎	作	昨	窄	炸
小：	京	少	你	孙	示
勿：	忽	易	物	吻	刎

描、写汉字 Trace and copy the following Chinese characters

北	5画 丨 丨 丬 丬 北	北	北	北							
京	8画 丶 亠 亡 京	京	京	京							
言	7画 丶 亠 亠 亖 言	言	言	言							
怎	9画 乍 怎	怎	怎	怎							

样	10画	木 木 杧 杧 栏 栏 样	样	样	样				
觉	9画	⺍ 觉	觉	觉	觉				
得	11画	彳 㣇 㣇 得	得	得	得				
法	8画	氵 法	法	法	法				
听	7画	口 听	听	听	听				
说	9画	讠 讠 讠 讠 说	说	说	说				
比	4画	一 ⺊ 上 比	比	比	比				
较	10画	一 ⼶ 车 车 较	较	较	较				
容	10画	丶 丶 宀 宀 穴 穸 突 容	容	容	容				
易	8画	日 ⺝ 易 易 易	易	易	易				
但	7画	亻 亻日 但	但	但	但				
读	10画	讠 计 读	读	读	读				
写	5画	冖 冖 写 写	写	写	写				
新	13画	丶 亠 亠 立 立 立 辛 辛 亲 新	新	新	新				
屋	9画	乛 コ 尸 尸 层 层 屋	屋	屋	屋				
班	10画	一 二 干 王 玎 玎 玏 玏 班 班	班	班	班				

五、课外练习 Exercises after class

组成和分解汉字 Character combination and separation

（1）组字 Combination

交　俞　两　仑　专　甫

车：______________________________（左右结构）

卖　兑　井　舌　吾　上

讠：______________________________（左右结构）

（2）分解 Separation

京　较　觉　新

／＼　／＼　／＼　／＼

__ __　__ __　__ __　__ __

写　但　得

／＼　／＼　／＼

__ __　__ __　__ __

查字典，给下列汉字注音

Consult a dictionary and write down the *pinyin* of the following Chinese characters

北____	觉____	听____	较____
比____	学____	所____	校____

写____ 容____ 读____
马____ 客____ 续____

阅读短文 Read the passage

我是北京语言大学的英国留学生，我叫玛丽。我在这儿（zhèr, here）学习汉语。我觉得汉语语法不太难，但是发音和汉字很难。安娜是美国人，她是我的同班同学，也是我的同屋。

第十三课
Dì-shísān kè

Lesson 13

一、生字 New characters

箱	xiāng	box, case, trunk
有	yǒu	to have; there be
重	zhòng	heavy
黑	hēi	black
轻	qīng	light
旧	jiù	old, used
药	yào	medicine, drug
里	lǐ	inside
用	yòng	to use
品	pǐn	article, product
件	jiàn	(*a measure word for clothes, etc.*) article, piece
衣	yī	clothing
服	fú	garment
雨	yǔ	rain
伞	sǎn	umbrella

平	píng	flat
板	bǎn	board, plate
脑	nǎo	brain
词	cí	word
典	diǎn	classic, canon
笔	bǐ	pen

二、字—词（词组）From characters to words (phrases)

箱—子	箱子	xiāngzi	box, case, trunk
中—药	中药	zhōngyào	Chinese medicine
西—药	西药	xīyào	Western medicine
里—面	里面	lǐmiàn	inside
日用—品	日用品	rìyòngpǐn	daily necessities
衣—服	衣服	yīfu	clothes
雨—伞	雨伞	yǔsǎn	umbrella
雨—衣	雨衣	yǔyī	raincoat
平—板	平板	píngbǎn	panel, tablet
电—脑	电脑	diànnǎo	computer
词—典	词典	cídiǎn	dictionary
生—词	生词	shēngcí	new word(s)
一—件	一件	yí jiàn	a piece of (clothes or product)

三、课文 Texts

会话 13-1

A：这是什么？

B：这是中药。

A：是你的吗？

B：不是我的，是我朋友的。

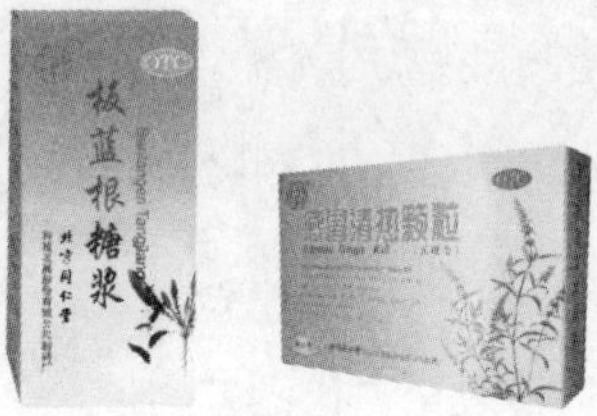

▪ ▪ ▪ ▪ ▪ ▪

A：这是你的箱子吗？

B：不是，那个红色的是我的。

A：这是谁的箱子？

B：这是我同屋的。

A：他的箱子真重。

B：对，我的比较轻。

色 sè color

真 zhēn really

四、练习 Exercises

● 根据拼音写汉字 Write the Chinese characters according to the *pinyin*

yǔsǎn ________ xiāngzi ________ zhōngyào ________ rìyòngpǐn ________ yīfu ________

cídiǎn ________ diànnǎo ________

给下列词语注音 Write down the *pinyin* for the following words

雨伞 ________　衣服 ________　中药 ________　词典 ________

日用品 ________　箱子 ________　平板电脑 ________　大衣（overcoat）________

雨衣 ________　生词 ________　吃药（to take medicine）________

将下列汉字按偏旁归类

Classify the following Chinese characters according to their radicals

箱　药　服　张　伞　强　答　茶　合　胜

会　英　胖　等　笔　全　花　弹　引　脑

⺮：

月：

人：

艹：

弓：

描出下列汉字中与左边相同的部件

Trace the components given in the left column in the Chinese characters that follow them

勺：	的	约	芍	药	钓
里：	量	厘	理	童	埋
用：	角	拥	通	佣	勇

描、写汉字 Trace and copy the following Chinese characters

箱	15 画	笁 笄 箱 箱 箱 箱 箱	箱	箱	箱				
有	6 画	一 ナ 有	有	有	有				
重	9 画	一 二 亩 亩 亩 重	重	重	重				
黑	12 画	丨 冂 冂 冂 四 甲 甲 里 黑	黑	黑	黑				
轻	9 画	车 轩 轩 轻	轻	轻	轻				
旧	5 画	丨 旧	旧	旧	旧				
药	9 画	艹 艺 药 药 药	药	药	药				
里	7 画	丨 冂 冂 日 甲 甲 里	里	里	里				
用	5 画	丿 刀 月 月 用	用	用	用				
品	9 画	口 吕 品	品	品	品				
件	6 画	亻 亻 仁 仁 件	件	件	件				
衣	6 画	丶 亠 ナ 衣 衣 衣	衣	衣	衣				

服	8画 月 月⁷ 肌 服	服	服	服					
雨	8画 一 丆 冂 币 而 雨 雨 雨	雨	雨	雨					
伞	6画 人 亽 仌 仐 伞	伞	伞	伞					
平	5画 一 丆 冖 立 平	平	平	平					
板	8画 木 板	板	板	板					
脑	10画 月 月` 肀 肪 肞 脑 脑	脑	脑	脑					
词	7画 讠 订 订 词	词	词	词					
典	8画 丨 冂 日 由 曲 曲 典 典	典	典	典					
笔	10画 ⺮ 笔	笔	笔	笔					

五、课外练习 Exercises after class

组成和分解汉字 Character combination and separation

(1) 组字 Combination

月　半　生　干　巴　庄

月：________________________（左右结构）

相　合　夭　毛　间　官

⺮：________________________（上下结构）

（2）分解 Separation

服　　张　　笔　　品

／＼　／＼　／＼　／＼

—— —— —— —— —— —— —— ——

药　　脑　　箱　　板

／＼　／＼　／＼　／＼

—— —— —— —— —— —— —— ——

查字典，给下列汉字注音

Consult a dictionary and write down the *pinyin* of the following Chinese characters

酒____	雨____	衣____	服____
洒____	两____	农____	报____
词____	品____	板____	
询____	晶____	饭____	

阅读短文 Read the passage

这是我的房间。我跟（gēn, with）我的朋友住。她是意大利人。我们的房间不太大。这个旧箱子是我的，那个新的是我朋友的。她的衣服很多，我的不太多。这些书、词典是她的，那些是我的。我们的房间不错。你觉得怎么样？

第十四课
Dì-shísì kè

Lesson 14

一、生字 New characters

经	jīng	to deal in, to manage
理	lǐ	to manage
久	jiǔ	long-time
虎	hǔ	tiger
最	zuì	most, -est
近	jìn	near
刚	gāng	just now, a short while ago
开	kāi	to begin, to start
点	diǎn	a little
忙	máng	busy
咖	kā	
啡	fēi	
杯	bēi	cup
车	chē	vehicle (bicycle, car, etc.)
自	zì	oneself
颜	yán	color

色	sè	color
蓝	lán	blue
辆	liàng	*a measure word for vehicles*

二、字—词（词组）From characters to words (phrases)

经—理	经理	jīnglǐ	manager
好—久	好久	hǎojiǔ	(for) a long time
马—虎	马虎	mǎhu	careless
马马—虎虎	马马虎虎	mǎmǎhūhū	just so-so
最—近	最近	zuìjìn	recently, lately
开—学	开学	kāi xué	term begins
有—点儿	有点儿	yǒudiǎnr	a little, slightly
咖—啡	咖啡	kāfēi	coffee
杯—子	杯子	bēizi	cup
自—行—车	自行车	zìxíngchē	bicycle
颜—色	颜色	yánsè	color
蓝—色	蓝色	lánsè	blue
开—车	开车	kāi chē	to drive
很—忙	很忙	hěn máng	very busy
自—学	自学	zìxué	to study by oneself
蓝—的	蓝的	lán de	blue

工作很忙　学习很忙　今天很忙　最近很忙

新的还是旧的　大的还是小的

蓝的还是黑的　你的还是他的

三、课文 Texts

会话 14-1

A：我的自行车呢？

B：这辆是不是你的？

A：不是，这辆车不是我的。

B：你的车是什么颜色的？是红的还是蓝的？

A：不是红的，是蓝的。

B：是新的还是旧的？

A：新的，刚买的。

B：那辆是不是你的？

A：是我的。谢谢你。

B：不谢。

A：好久不见了，最近怎么样？

B：刚开学，有点儿忙。你最近好吗？

A：还不错。这是什么？

B：汉英词典，我刚买的。

A：这本词典怎么样？

B：不错。

A：是吗？那我也去买一本。

不错 búcuò
good, fine

四、练习 Exercises

根据拼音写汉字 Write the Chinese characters according to the *pinyin*

jīnglǐ ________ zuìjìn ________ yánsè ________ mǎmǎhūhū ________

zìxíngchē ________ yǒudiǎnr ________ kāfēi ________

给下列词语注音 Write down the *pinyin* of the following words

自行车 ________ 颜色 ________ 最近 ________ 咖啡 ________ 马马虎虎 ________

有点儿 ________ 经理 ________ 红色 ________ 蓝色 ________ 黑色 ________

将下列汉字按偏旁归类
Classify the following Chinese characters according to their radicals

辆 点 颜 忙 顺 黑 输 顶 快 进

过 轻 怕 项 照 恨 这 较 近 烈

灬：

忄：

页：

辶：

车：

描出下列汉字中与左边相同的部件

Trace the components given in the left column in the Chinese characters that follow them

车：	军	阵	连	库	轰
亡：	忙	忘	芒	盲	茫
占：	点	站	店	战	钻
不：	坏	杯	还	甭	环

描、写汉字 Trace and copy the following Chinese characters

经	8画 纟纟纟经	经	经	经						
理	11画 王理	理	理	理						
久	3画 ノ 夕 久	久	久	久						
虎	8画 丨 ⺊ ⺊ 广 虍 虎	虎	虎	虎						
最	12画 日 旦 早 早 早 早 早 最	最	最	最						
近	7画 斤近	近	近	近						
刚	6画 丨 冂 冈 冈 刚	刚	刚	刚						
开	4画 一 二 于 开	开	开	开						
点	9画 丨 ⺊ ⺊ 占 占 占 点 点 点	点	点	点						
忙	6画 丶 丷 忄 忄 忙 忙	忙	忙	忙						
咖	8画 口 叻 咖	咖	咖	咖						

啡	11画 啡	啡	啡	啡				
杯	8画 木 杯	杯	杯	杯				
车	4画 一 𠂉 𠂉 车	车	车	车				
自	6画 丿 亻 冂 冃 自 自	自	自	自				
颜	15画 丶 亠 亠 立 立 产 产 彦 彦 彦 彦 彦 颜 颜 颜	颜	颜	颜				
色	6画 丿 ⺈ 色	色	色	色				
蓝	13画 蓝	蓝	蓝	蓝				
辆	11画 车 辆	辆	辆	辆				

五、课外练习 Exercises after class

组成和分解汉字 Character combination and separation

（1）组字 Combination

占　执　木　能　前　列

灬：________________________________（上下结构）

亡　俞　曼　乙　京　不

忄：________________________________（左右结构）

文　不　斤　元　力　舌

辶：______________________（半包围结构）

（2）分解 Separation

最　　辆　　颜　　忙　　经

／＼　／＼　／＼　／＼　／＼

__ __　__ __　__ __　__ __　__ __

蓝　　近　　点　　色

／＼　／＼　／＼　／＼

__ __　__ __　__ __　__ __

查字典，给下列汉字注音

Consult a dictionary and write down the *pinyin* of the following Chinese characters

自____　理____　色____　蓝____
白____　埋____　包____　篮____

黑____　近____　刚____
墨____　返____　则____

阅读短文 Read the passage

　　最近我买（mǎi, to buy）了一辆自行车。这辆自行车是蓝色的。我每天都骑（qí, to ride）它（tā, it）去上课。明天我要跟（gēn, with）我的朋友去天安门，我们骑车去。

第十五课
Dì-shíwǔ kè

Lesson 15

一、生字 New characters

爸	bà	dad
妈	mā	mum
哥	gē	elder brother
弟	dì	younger brother
全	quán	whole, all; wholly
照	zhào	to take a picture
片	piàn	thin piece
看	kàn	to look
只	zhǐ	only, just, merely
做	zuò	to do
夫	fū	man
医	yī	doctor, medical science
院	yuàn	courtyard, institution
司	sī	to manage
商	shāng	business, commerce
店	diàn	shop, store

律	lǜ	law
外	wài	outside
贸	mào	trade
员	yuán	member
概	gài	about, approximately

二、字—词（词组）From characters to words (phrases)

爸—爸	爸爸	bàba	dad
妈—妈	妈妈	māma	mum
哥—哥	哥哥	gēge	elder brother
弟—弟	弟弟	dìdi	younger brother
全—家	全家	quán jiā	the whole family
照—片	照片	zhàopiàn	photo
医—院	医院	yīyuàn	hospital
商—店	商店	shāngdiàn	shop, store
律—师	律师	lǜshī	lawyer
公—司	公司	gōngsī	company
员—工	员工	yuángōng	employee, staff
外—贸	外贸	wàimào	foreign trade
外—国	外国	wàiguó	foreign country
大—概	大概	dàgài	about, approximately
医—生	医生	yīshēng	doctor

医—学	医学	yīxué	medicine, medical science
学—院	学院	xuéyuàn	college, academy
做—饭	做饭	zuò fàn	to cook
外—币	外币	wàibì	foreign currency
全家	全班	全院	全国
医学院	文学院	工学院	
法学院	商学院	外语学院	

三、课文 Texts

会话 15–1

A：这是你全家的照片吗？

B：对。我家有五口人，爸爸、妈妈、哥哥、姐姐和我。

A：你爸爸做什么工作？

B：他是医生，在医院工作。

A：你妈妈呢？

B：我妈妈是老师。

A：你姐姐做什么工作？

B：她在银行工作，她是职员。我哥哥在外贸公司工作，是经理。

A：他的公司大吗？

B：不太大，大概有二百人。

▫ ▫ ▫ ▫ ▫ ▫

A：这是谁的照片？

B：这是我全家的照片。

A：这是你爸爸、妈妈吧？

B：对。

A：他们做什么工作？

B：我爸爸是教授。我妈妈不工作，她在家。

A：这是你弟弟吗？

B：不，这是我哥哥，他是律师。

A：这是谁？

B：这是我呀！

四、练习 Exercises

根据拼音写汉字 Write the Chinese characters according to the *pinyin*

yīyuàn	wàimào	zhàopiàn	yuángōng	dàgài
________	________	________	________	________
shāngdiàn	lùshī	dàifu		
________	________	________		

给下列词语注音 Write down the *pinyin* of the following words

外贸	公司	医院	照片	大概
________	________	________	________	________

商店　大夫　律师　只有　全家　法律（law）

________ ________ ________ ________ ________ ________

学院（college, academy）　做客（to be a guest）　员工　医生（doctor）　贸易（trade）

________ ________ ________ ________ ________

将下列汉字按偏旁归类

Classify the following Chinese characters according to their radicals

医　院　员　庄　除　区　队　贸　床　匹

阳　匠　阵　应　则　座　巨　店　财

匚：

阝：

贝（⺝）：

广：

描出下列汉字中与左边相同的部件

Trace the components given in the left column in the Chinese characters that follow them

刀：分　召　切　贸　初

占：点　店　站　战　钻

员：圆　损　赏　勋　埙

描、写汉字 Trace and copy the following Chinese characters

爸	8 画	ノ ハ 夕 父 爸	爸	爸	爸				
妈	6 画	女 妈	妈	妈	妈				
哥	10 画	一 可 可 哥 哥 哥	哥	哥	哥				
弟	7 画	丷 丷 当 当 弟 弟 弟	弟	弟	弟				
全	6 画	人 亼 仝 仝 全 全	全	全	全				
照	13 画	日 日 日 昭 昭 照	照	照	照				
片	4 画	丿 丿 片 片	片	片	片				
看	9 画	一 二 三 手 手 看 看 看 看	看	看	看				
只	5 画	口 只 只	只	只	只				
做	11 画	亻 估 估 估 做 做	做	做	做				
夫	4 画	一 二 夫	夫	夫	夫				
医	7 画	一 医 医	医	医	医				
院	9 画	阝 阝 院 院	院	院	院				
司	5 画	丁 司 司	司	司	司				
商	11 画	丶 亠 亠 产 产 产 商 商 商 商	商	商	商				
店	8 画	广 店	店	店	店				
律	9 画	彳 彳 彳 彳 律 律 律	律	律	律				

外	5画 夕 外 外	外	外	外																
贸	9画 𠂉 𠂊 贸	贸	贸	贸																
员	7画 口 尸 吕 员 员	员	员	员																
概	13画 木 村 村 村 相 相 相 概 概 概	概	概	概																

五、课外练习 Exercises after class

组成和分解汉字 Character combination and separation

（1）组字 Combination

完　人　车　示　东　付

阝：________________（左右结构）

八　贝　木　儿　力　十

口：________________（上下结构）

（2）分解 Separation

爸　律　概　照　做

／＼　／＼　／＼　／＼　／＼

__ __　__ __　__ __　__ __　__ __

外　贸　店　医

／＼　／＼　／＼　／＼

__ __　__ __　__ __　__ __

查字典，给下列汉字注音

Consult a dictionary and write down the *pinyin* of the following Chinese characters

全____	贸____	司____	公____
金____	留____	同____	么____
外____	片____	员____	夫____
处____	斤____	贵____	天____

阅读短文 Read the passage

这是我全家的照片。我家有六口人，爸爸、妈妈、哥哥、姐姐、弟弟和我。我爸爸是大学老师。我妈妈不工作，她在家。我姐姐是医生，她在一家医院工作。我哥哥是律师。我和弟弟都是学生，弟弟是中学生，我是大学生。我在北京语言大学学习汉语。我喜欢（xǐhuan, to like）学习汉语。

第十六课
Dì-shíliù kè

Lesson 16

一、生字 New characters

现	xiàn	now
跟	gēn	with; to follow
走	zǒu	to walk, to go
常	cháng	often, frequently
借	jiè	to borrow, to lend
时	shí	time
候	hòu	time
网	wǎng	net
查	chá	to consult, to look up
资	zī	resource
料	liào	material
宿	sù	to put up for the night
舍	shè	house
安	ān	quiet, calm
静	jìng	quiet, calm
晚	wǎn	evening

复	fù	to repeat
预	yù	beforehand
或	huò	or
练	liàn	to practise
聊	liáo	to chat
微	wēi	micro
影	yǐng	film, movie
视	shì	to see

二、字—词（词组）—句子 From characters to words (phrases) and sentences

现—在	现在	xiànzài	now
常—常	常常	chángcháng	often, frequently
时—候	时候	shíhou	time
有—时候	有时候	yǒu shíhou	sometimes
借—书	借书	jiè shū	to borrow books
上—网	上网	shàng wǎng	to get online, to surf the Internet
资—料	资料	zīliào	material, data
查—资料	查资料	chá zīliào	to search for information
宿—舍	宿舍	sùshè	dormitory
安—静	安静	ānjìng	quiet, peaceful
晚—上	晚上	wǎnshang	evening, night

晚—饭	晚饭	wǎnfàn	dinner
复—习	复习	fùxí	to review
预—习	预习	yùxí	to preview
或—者	或者	huòzhě	or
练—习	练习	liànxí	to practise; exercise
聊—天—儿	聊天儿	liáo tiānr	to chat
微—信	微信	wēixìn	WeChat
电—影	电影	diànyǐng	film, movie
电—视	电视	diànshì	TV

去
一起去
咱们一起去。
咱们一起去吧。

书
看书
在宿舍看书
我晚上在宿舍看书。

借
借书
去图书馆借书
常常去图书馆借书
我常常去图书馆借书。

三、课文 Texts

会话 16-1

山田：玛丽，你去哪儿？

玛丽：我去图书馆。

山田：你去借书吗？

玛丽：对，借书，也还书。

山田：你常常去图书馆吗？

玛丽：常去。我常常在那儿看书，有时候查资料。你呢？

山田：我不常去。

玛丽：今天想跟我一起去吗？

山田：好吧，我也去借几本书。

还 huán to return

读后判断正误

Read the conversation and decide whether the following statements are true (T) or false (F)

(1) 玛丽去图书馆。 (　　)

(2) 玛丽常常在图书馆看书。 (　　)

(3) 山田也常去图书馆。 (　　)

(4) 今天山田跟玛丽一起去图书馆。 (　　)

短文 16-2

我们学校有一个图书馆。图书馆很大，有很多书。每天都有很多人去那儿看书、借书、还书。我也常常去图书馆。有时候我去那儿看书、学习，有时候我去那儿查资料。今天我要去那儿查资料，我想写一篇文章，是关于中国历史的。这是我第一次用汉语写文章。

篇 piān
a measure word for articles

文章 wénzhāng
article, essay

关于 guānyú about, on

第一 dì-yī first

次 cì
(*a measure word*) time

读后回答问题 Read the passage and answer the following questions

(1) 这个学校的图书馆怎么样？

(2)“我”常去图书馆做什么？

(3) 今天“我”去图书馆做什么？

(4)“我”要写一篇什么文章？

四、练习 Exercises

根据拼音写汉字 Write the Chinese characters according to the *pinyin*

yǒu shíhou　zīliào　jiè shū　xiūxi　liáo tiānr　chángcháng

________　________　________　________　________　________

diànyǐng	diànshì	fùxí	yùxí	huòzhě	wǎnshang
________	________	________	________	________	________

给下列词语注音 Write down the *pinyin* of the following words

资料	电视	时候	电影	预习
________	________	________	________	________
常常	微信	复习	休息	晚上
________	________	________	________	________
或者	时间（time）	电影院（cinema）		
________	________	________		

描出下列汉字中与左边相同的部件

Trace the components given in the left column in the Chinese characters that follow them

日：	晚	早	旧	间	查
彡：	影	须	彩	参	颜
夂：	备	客	复	处	路
见：	视	览	现	觉	观

描、写汉字 Trace and copy the following Chinese characters

现	8画	王 现	现	现	现						
跟	13画	口 口 ⻊ ⻊ 𧾷 跟	跟	跟	跟						
走	7画	一 十 土 丰 丰 赱 走	走	走	走						
常	11画	丨 ⺌ 𭕄 尚 尚 常 常 常 常	常	常	常						
借	10画	亻 仁 仕 供 供 借	借	借	借						
时	7画	日 日 时 时	时	时	时						
候	10画	亻 亻 亻 亻 候	候	候	候						
网	6画	丨 冂 冈 网	网	网	网						
查	9画	木 杳 查	查	查	查						
资	10画	丶 冫 冫 次 次 次 资	资	资	资						
料	10画	丶 丷 丷 半 米 米 米 米 米 料	料	料	料						
宿	11画	宀 宀 宿	宿	宿	宿						
舍	8画	人 亼 今 全 舍	舍	舍	舍						
安	6画	宀 安	安	安	安						
静	14画	青 静	静	静	静						
晚	11画	日 日 旷 昈 昈 昈 晚 晚	晚	晚	晚						
复	9画	丿 𠂉 复 复 复 复	复	复	复						

预	10画 ㇇ ㇇ ㇇ 予 预	预	预	预					
或	8画 一 ㇀ ㇀ 式 或 或	或	或	或					
练	8画 纟 纟 纾 纡 练 练 练	练	练	练					
聊	11画 一 厂 丌 丌 耳 耳 耳 耶 聊 聊 聊	聊	聊	聊					
微	13画 彳 彳 彳 彳 彳 彳 徉 微	微	微	微					
影	15画 日 景 景 影 影	影	影	影					
视	8画 丶 ㇇ 礻 礻 视	视	视	视					

五、课外练习 Exercises after class

组成和分解汉字 Character combination and separation

（1）组字 Combination

免　月　寸　乍　青　音

日：________________________________（左右结构）

艮　易　兆　包　巨　各

⻊：________________________________（左右结构）

（2）分解 Separation

预	查	时	料	影
／＼	／＼	／＼	／＼	／＼
___ ___	___ ___	___ ___	___ ___	___ ___
借	息	视	跟	资
／＼	／＼	／＼	／＼	／＼
___ ___	___ ___	___ ___	___ ___	___ ___

查字典，给下列汉字注音

Consult a dictionary and write down the *pinyin* of the following Chinese characters

跟____	料____	候____	视____	借____
很____	科____	侯____	现____	错____
复____	者____	舍____	休____	
夏____	老____	合____	体____	

阅读短文 Read the passage

我们学校的图书馆里有两个阅览室，一个是图书阅览室，一个是报刊阅览室。图书阅览室里有很多书，语言、历史、经济、哲学等各方面的都有。报刊阅览室里的报纸和杂志也不少，中文的、外文的都有。每天都有很多老师和学生去阅览室看书、看报、看杂志，我也常常去那儿。

预习（查词典，给下列词语注音，并了解其意思）

Preview (Look up the following words in a dictionary, write down their *pinyin* and learn their meanings)

正	来	教	课	事	骑	现在	听力
____	____	____	____	____	____	____	____
录音	音乐	上课	书店	综合	阅读	英汉	体育
____	____	____	____	____	____	____	____

第十七课
Dì-shíqī kè

Lesson 17

一、生字 New characters

出	chū	out
来	lái	to come
正	zhèng	in the process of, in the course of
乐	yuè	music
录	lù	to record
事	shì	affair, matter
想	xiǎng	to want to, to think
英	Yīng	English
坐	zuò	to travel by
挤	jǐ	crowded; to squeeze
骑	qí	to ride
课	kè	lesson, course
综	zōng	to sum up
合	hé	to combine
力	lì	ability
阅	yuè	to read

文	wén	culture
化	huà	
育	yù	to educate

二、字—词（词组）—句子 From characters to words(phrases) and sentences

出—来	出来	chūlai	to come out
正—在	正在	zhèngzài	in the process of, in the course of
音—乐	音乐	yīnyuè	music
录—音	录音	lùyīn	recording; to record
听—录音	听录音	tīng lùyīn	to listen to the recording
汉—英	汉英	Hàn-Yīng	Chinese-English
骑—自行车	骑自行车	qí zìxíngchē	to ride a bicycle
综—合	综合	zōnghé	comprehensive
听—力	听力	tīnglì	listening
阅—读	阅读	yuèdú	reading
体—育	体育	tǐyù	physical education
文—化	文化	wénhuà	culture
课—文	课文	kèwén	text

综合课	comprehensive course
听力课	listening class
阅读课	reading class

口语课	speaking class
汉字课	Chinese characters class
语音课	pronunciation class
体育课	physical education class

录音
听录音
正在听录音
她正在听录音。

阅读课
有阅读课
上午有阅读课
我们明天上午有阅读课。

综合课
教综合课
教我们综合课
王老师教我们综合课。

三、课文 Texts

会话 17–1

玛丽：山田，你在做什么呢？

山田：听音乐呢。有事吗？

玛丽：下午我要去商店买东西，你跟我一起去吧。

山田：下午我有阅读课，下课以后去，行吗？

玛丽：行，我们四点在学校门口见面。

以后 yǐhòu after

门口 ménkǒu entrance

见面 jiàn miàn to meet

■ ■ ■ ■ ■ ■

山田：玛丽，你哪天有综合课？

玛丽：我每天都有综合课。

山田：听力课和阅读课呢？

玛丽：星期一和星期三有听力课，星期二和星期四有阅读课。

山田：有汉字课吗？

玛丽：有，星期三下午有汉字课。

读后判断正误

Read the conversation and decide whether the following statements are true (T) or false (F)

(1) 山田下午有听力课。 ( )

(2) 玛丽下午去书店买书。 ( )

(3) 山田下午在学校门口跟玛丽见面。 ( )

(4) 玛丽每天都有阅读课。 ( )

短文 17–2

今天做什么

今天是星期日，马丁起床

后问山本："你今天做什么？"山本想了想，说："今天要做的事很多。上午我要写阅读课的作业，预习星期一的语法和生词。下午我去邮局寄信，还要去银行换钱，然后去书店买一本《日汉词典》，晚上去大使馆看朋友。"马丁说："今天你真忙！我下午跟你一起去邮局买杂志，然后回宿舍看杂志、听音乐。"

作业 zuòyè homework
寄 jì to post
然后 ránhòu then

读后回答问题 Read the passage and answer the following questions

（1）今天星期几？

（2）山本今天要做什么？

（3）马丁和山本今天谁忙？

（4）马丁下午也去商店吗？

四、练习 Exercises

根据拼音写汉字 Write the Chinese characters according to the *pinyin*

lùyīn ________ xiànzài ________ tǐyù ________ yuèdú ________ tīnglì ________

zōnghé ________ qí zìxíngchē ________ zhèngzài ________

给下列词语注音 write down the *pinyin* of the following words

录音 ________ 现在 ________ 阅读 ________ 听力 ________

音乐 ________ 综合 ________ 体育 ________ 听写（dictation）________

正好（just right）________ 教育（education）________ 请坐（Sit down, please.）________ 中文（Chinese language）________

描出下列汉字中与左边相同的部件

Trace the components given in the left column in the Chinese characters that follow them

文：齐 蚊 吝 旻 挤

门：们 阅 简 闻 润

描、写汉字 Trace and copy the following Chinese characters

出	5画	㇗ ㇗ 中 出 出	出	出	出					
来	7画	一 ㇐ ㇐ 立 平 来 来	来	来	来					
正	5画	一 丅 下 下 正	正	正	正					
乐	5画	㇒ 匚 乎 乐 乐	乐	乐	乐					
录	8画	㇇ ㇇ 彐 寻 寻 寻 录 录	录	录	录					
事	8画	一 ㇐ 㐅 㐅 写 写 写 事	事	事	事					

想	13画	相 想	想	想	想				
英	8画	艹 艹 节 苎 英 英	英	英	英				
坐	7画	丿 人 人丿 人人 丛 坐 坐	坐	坐	坐				
挤	9画	扌 扌 扌 扌 挍 挤 挤	挤	挤	挤				
骑	11画	马 骑	骑	骑	骑				
课	10画	讠 课	课	课	课				
综	11画	纟 纩 综 综	综	综	综				
合	6画	丿 人 亼 合	合	合	合				
力	2画	𠃌 力	力	力	力				
阅	10画	门 阅	阅	阅	阅				
文	4画	丶 亠 亣 文	文	文	文				
化	4画	亻 亻 化	化	化	化				
育	8画	丶 亠 亠 云 育	育	育	育				

五、课外练习 Exercises after class

组成和分解汉字 Character combination and separation

（1）组字 Combination

丁　巴　戈　妥　奂

扌：______________________（左右结构）

奇　史　扁　乔　主

马：______________________（左右结构）

口　日　才　心　兑

门：______________________（半包围结构）

（2）分解 Separation

骑　综　挤　育　课

／＼　／＼　／＼　／＼　／＼

__ __　__ __　__ __　__ __　__ __

阅　英　想　坐

／＼　／＼　／＼　／＼

__ __　__ __　__ __　__ __

查字典，给下列汉字注音

Consult a dictionary and write down the *pinyin* of the following Chinese characters

骑____ 椅____　挤____ 济____　合____ 舍____　来____ 未____

力____ 为____　化____ 伦____　坐____ 座____

看课表，回答问题 Read the school timetable and answer the questions

星期一	星期二	星期三	星期四	星期五
综合	综合	综合	综合	综合
综合	综合	综合	综合	综合
听力	阅读	听力	阅读	汉字
听力	阅读	听力	阅读	汉字

（1）星期一有几节（jié, *a measure word for lessons*）课？

（2）每星期有多少节综合课？

预习（查词典，给下列词语注音，并了解其意思）

Preview (Look up the following words in a dictionary, write down their *pinyin* and learn their meanings)

修　拿　替　花　当　浇　帮　超市

_____　_____　_____　_____　_____　_____　_____　_____

铅笔　顺便　问题　旅行　代表团　参观　翻译

_____　_____　_____　_____　_____　_____　_____

飞机　火车

_____　_____

第十八课
Dì-shíbā kè
Lesson 18

一、生字 New characters

超	chāo	super-
市	shì	market
修	xiū	to repair
顺	shùn	
替	tì	for, on behalf of
铅	qiān	lead (Pb)
拿	ná	to take, to get
旅	lǚ	to travel
代	dài	to act on behalf of
表	biǎo	to represent
团	tuán	group, mass, lump
参	cān	to join
观	guān	to watch
当	dāng	to be, to serve as
翻	fān	to translate
译	yì	to translate

飞	fēi	to fly
火	huǒ	fire
帮	bāng	to help
浇	jiāo	to water
花	huā	flower
题	tí	problem

二、字—词（词组）—句子 From characters to words (phrases) and sentences

超—市	超市	chāoshì	supermarket
顺—便	顺便	shùnbiàn	in passing, without extra effort
旅—行	旅行	lǚxíng	to travel
代—表	代表	dàibiǎo	representative; to represent
代表—团	代表团	dàibiǎotuán	delegation
参—观	参观	cānguān	to visit (a place)
翻—译	翻译	fānyì	translator, interpreter; to translate, to interpret
飞—机	飞机	fēijī	plane
火—车	火车	huǒchē	train
帮—忙	帮忙	bāngmáng	to do a favor
问—题	问题	wèntí	question, problem
没—问题	没问题	méi wèntí	no problem

翻译　　参观
当翻译　　去上海参观
给他们当翻译　　代表团去上海参观
我给他们当翻译。　明天代表团去上海参观。

一件事
办一件事
替我办一件事
请替我办一件事。

三、课文 Texts

会话 18-1

玛丽：山田，你去哪儿？
山田：我去图书馆借书。
玛丽：你替我还一本书，行吗？
山田：没问题。玛丽，你去哪儿？
玛丽：去买票，明天我跟朋友一起去上海。
山田：去旅行？
玛丽：不，去工作，给我的朋友当翻译。
山田：你们怎么去？坐飞机去还是坐火车去？

票　piào　ticket

玛丽：坐飞机去。

山田：好，书我替你还，放心吧。

玛丽：谢谢！

山田：不客气。

放心　fàng xīn　don't worry

读后判断正误

Read the conversation and decide whether the following statements are true (T) or false (F)

(1) 山田去图书馆借书。（　　）

(2) 玛丽去上海旅行。（　　）

(3) 玛丽的书是图书馆的。（　　）

(4) 山田替玛丽还书。（　　）

(5) 玛丽给朋友当翻译。（　　）

短文

18-2

马丁来中国学习汉语。他刚认识很多新朋友，有老师、医生、公司职员，还有各国的留学生。他们常常一起听音乐，一起说汉语，一起吃饭。上星期马丁的姐姐来中国了。马丁要跟姐姐去上海旅行，他给姐姐当翻译，他们想坐火车去。

各　gè　each

上星期　shàngxīngqī　last week

● **读后选择正确答案 Read the passage and choose the right answers**

（1）马丁来中国做什么？

A. 旅行　　B. 学汉语　　C. 做翻译

（2）马丁的姐姐会（huì, can）说汉语吗？

A. 会　　B. 不会　　C. 汉语很好

（3）他们想怎么去旅行？

A. 坐飞机　　B. 坐火车　　C. 坐汽车

四、练习 Exercises

● **根据拼音写汉字 Write the Chinese characters according to the *pinyin***

lǚxíng　　fānyì　　chāoshì　　fēijī　　shùnbiàn

________　________　________　________　________

cānguān　　wèntí　　dàibiǎotuán　　qiānbǐ

________　________　________　________

● **给下列词语注音 Write down the *pinyin* for each of the following words**

顺便　　参观　　报纸　　旅行　　翻译

________　________　________　________　________

代表　　超市　　飞机　　火车　　问题

________　________　________　________　________

旅行团	旅馆	观看
（touring group）	（hotel, inn）	（to watch）
________	________	________

描出下列汉字中与左边相同的部件

Trace the components given in the left column in the Chinese characters that follow them

ヨ：	当	扫	灵	雪
手：	拿	掌	拳	摩
田：	留	思	画	翻
彡：	影	颜	参	须

描、写汉字 Trace and copy the following Chinese characters

超	12 画	走 起 超	超	超	超							
市	5 画	亠 市	市	市	市							
修	9 画	亻 亻 亻 攸 攸 修 修 修	修	修	修							
顺	9 画	丿 川 川 川 川 顺 顺	顺	顺	顺							
替	12 画	一 二 夫 夫 夫夫 替	替	替	替							
铅	10 画	钅 钅 钅 铅	铅	铅	铅							
拿	10 画	人 人 合 合 拿 拿 拿	拿	拿	拿							
旅	10 画	方 方 方 方 旅 旅 旅	旅	旅	旅							
代	5 画	亻 仁 代 代	代	代	代							

表	8画	一 二 丰 主 丰 耒 耒 表	表	表	表
团	6画	丨 冂 冃 冃 团 团	团	团	团
参	8画	厶 厶 厶 乡 矣 矣 参 参	参	参	参
观	6画	又 观	观	观	观
当	6画	丨 丨 丷 当 当 当	当	当	当
翻	18画	丿 采 番 番 翻 翻	翻	翻	翻
译	7画	讠 议 译 译 译	译	译	译
飞	3画	乁 飞 飞	飞	飞	飞
火	4画	丶 丷 少 火	火	火	火
帮	9画	一 二 三 丰 邦 帮	帮	帮	帮
浇	9画	氵 氵 泸 浇 浇 浇 浇	浇	浇	浇
花	7画	艹 艹 花 花	花	花	花
题	15画	是 题	题	题	题

五、课外练习 Exercises after class

用下列偏旁部首和汉字组字

Make characters using the following radicals, components and characters

艹　氵　羽　见　尧　手　化

又　夫　巾　日　邦　番　合

左右结构：

上下结构：

● **分解下列汉字 Separate the following characters**

市　　观　　使　　旅　　团

／＼　／＼　／＼　／＼　／＼

__ __　__ __　__ __　__ __　__ __

翻　　译　　拿　　超　　替

／＼　／＼　／＼　／＼　／＼

__ __　__ __　__ __　__ __　__ __

● **查字典，给下列汉字注音**

Consult a dictionary and write down the *pinyin* of the following Chinese characters

市____　团____　译____　代____
币____　困____　择____　伐____

拿____　旅____　观____
盒____　放____　规____

● **阅读短文 Read the passage**

寒假我想跟朋友一起去中国南方旅行。我们打算去桂林、西双版纳，听说这两个地方非常漂亮。朋友告诉我可以跟旅行社组织的旅行团去，他们可以替我们买票，可以给我们导游，可以给我们翻译。可是我更想自己去，那样可以看更多的地方，还可以练习汉语口语。

预习（查词典，给下列词语注音，并了解其意思）

Preview (Look up the following words in a dictionary, write down their *pinyin* and learn their meanings)

种	双	肥	胖	瘦	长	短
____	____	____	____	____	____	____
试	深	浅	角	分	光临	便宜
____	____	____	____	____	____	____
可以	合适	当然	好看	打折	羽绒服	
____	____	____	____	____	______	

第十九课
Dì-shíjiǔ kè

Lesson 19

一、生字 New characters

光	guāng	honor
临	lín	to arrive
羽	yǔ	feather, plume
绒	róng	fine soft feathers, down
又	yòu	again
短	duǎn	short
深	shēn	(of a color) dark
浅	qiǎn	(of a color) light
试	shì	to try
可	kě	may, can
以	yǐ	
然	rán	
肥	féi	fat, loose
胖	pàng	fat
瘦	shòu	thin, tight
适	shì	suitable

种	zhǒng	kind, type
打	dǎ	to do, to make
折	zhé	discount

二、字—词（词组）—句子 From characters to words (phrases) and sentences

光—临	光临	guānglín	to be present (in a shop, etc.), to patronize
羽—绒	羽绒	yǔróng	fine soft feathers, down
羽绒—服	羽绒服	yǔróngfú	down jacket
太—短	太短	tài duǎn	too short
太—长	太长	tài cháng	too long
太—深	太深	tài shēn	(of a color) too dark
太—浅	太浅	tài qiǎn	(of a color) too light
太—肥	太肥	tài féi	too loose
太—胖	太胖	tài pàng	too fat
太—瘦	太瘦	tài shòu	too tight
深—色	深色	shēnsè	dark color
浅—色	浅色	qiǎnsè	light color
试—试	试试	shìshi	to have a try
可—以	可以	kěyǐ	may, can
当—然	当然	dāngrán	certainly, of course, without doubt
合—适	合适	héshì	fit, suitable

这一种	这种	zhè zhǒng	this kind
打一折	打折	dǎ zhé	to sell at a discount, to give a discount

试
试试
试试这件衣服
您试试这件衣服。

合适
很合适
这件衣服很合适。
这件衣服不长不短很合适。

小
有点儿小
这件衣服有点儿小。

三、课文 Texts

会话 19–1

（玛丽晚上要去看朋友，她在找一件合适的衣服。Mary is going to see a friend this evening and she is looking for a suitable outfit.）

玛丽：山田，你看这件衣服怎么样？

山田：不好，颜色太深了。

玛丽：这件红色的怎么样？

山田：长短还可以，是不是太红了？

玛丽：这件绿色的呢？

长短 chángduǎn length

山田：有点儿小。

玛丽：这件浅蓝色的行吗？

山田：行，不长不短，颜色好，样子也很漂亮。穿这件吧。

玛丽：行，穿这件。

样子 yàngzi appearance, look

漂亮 piàoliang beautiful

穿 chuān to put on, to wear

读后回答问题 Read the conversation and answer the following questions

（1）谁晚上去看朋友？

（2）玛丽晚上穿什么颜色的衣服？

（3）红色的衣服怎么样？

短文 19-2

去哪儿买衣服

去哪儿买衣服？最好是去商场和服装店。可是在不同的地方，你买到的衣服会很不一样。在很多大商场和名牌服装店里，都会有很多名牌服装，样子好看，也很贵。在服装市场和一些小商店里，很多衣服样子也很好看，各种颜色的都有，也不太贵，还可以问售货

服装 fúzhuāng dress, costume

买到 mǎidào to have bought

名牌 míngpái famous brand

市场 shìchǎng market

员："可以便宜一点儿吗？"这样，你可以花不太多的钱买到很好看的衣服。

花 huā to spend

● 读后判断正误

Read the passage and decide whether the following statements are true (T) or false (F)

（1）大商场和名牌服装店里的衣服很贵。（　　）

（2）服装市场里的衣服比较便宜。（　　）

（3）大商店里的衣服好看，小商店的衣服不太好看。（　　）

（4）在小商店里可以花比较少的钱买到很好看的衣服。（　　）

四、练习 Exercises

● 根据拼音写汉字 Write the Chinese characters according to the *pinyin*

zhǒng	shòu	duǎn	shēn	qiǎn
______	______	______	______	______
shì	féi	yòu	pàng	dǎ zhé
______	______	______	______	______
piányi	dāngrán	héshì	kěyǐ	yǔróngfú
______	______	______	______	______

给下列词语注音 Write down the *pinyin* of the following words

便宜	合适	试试	太深	很浅
______	______	______	______	______
当然	这种	羽绒服	长短	短文 (passage)
______	______	______	______	______
可是 (but)	以上 (above)	适合 (to fit)		
______	______	______		

描出下列汉字中与左边相同的部件

Trace the components given in the left column in the Chinese characters that follow them

可：	河	哥	何	寄	啊
巴：	肥	吧	爸	把	色
且：	宜	姐	县	助	组
又：	友	圣	译	授	坚

描、写汉字 Trace and copy the following Chinese characters

光	6画 丨 丨 丷 业 业 光	光	光	光						
临	9画 丨 刂 忄 忄 临 临 临 临 临	临	临	临						
羽	6画 ㇆ 习 习 羽	羽	羽	羽						

绒	9画	ㄥ纟纟纟纡 纨绒绒	绒	绒	绒							
又	2画	フ 又	又	又	又							
短	12画	矢矢一知知矩短	短	短	短							
深	11画	氵氵冖泬泬深	深	深	深							
浅	8画	氵 浅	浅	浅	浅							
试	8画	讠讠一讠工试试	试	试	试							
可	5画	一 口 可	可	可	可							
以	4画	ㇾ ㇾ丶 以	以	以	以							
然	12画	ノクタタ夕犬 夕犬 夕犬然然然	然	然	然							
肥	8画	月 肥	肥	肥	肥							
胖	9画	丿刀月月丶月丷胖	胖	胖	胖							
瘦	14画	广广疒疒疒疒 疒疒疒疒瘦	瘦	瘦	瘦							
适	9画	ノ二千舌适	适	适	适							
种	9画	禾 种	种	种	种							
打	5画	扌 打	打	打	打							
折	7画	扌扌一扩扩折	折	折	折							

五、课外练习 Exercises after class

用下列偏旁部首和汉字组字
Make characters using the following radicals, components and characters

亻 讠 更 宀 月 中 八 且 夕

亠 禾 式 刀 半 十 头 巴 用

左右结构：

上下结构：

分解下列汉字 Separate the following characters

线 种 肥 瘦 短

／＼ ／＼ ／＼ ／＼ ／＼

__ __ __ __ __ __ __ __ __ __

试 深 浅 适 羽

／＼ ／＼ ／＼ ／＼ ／＼

__ __ __ __ __ __ __ __ __ __

查字典，给下列汉字注音
Consult a dictionary and write down the *pinyin* of the following Chinese characters

种____ 短____ 浅____ 折____
钟____ 矩____ 线____ 拆____

叉____ 适____ 肥____ 试____
叉____ 话____ 把____ 诚____

阅读 Read the notice

红房子服装店服装降价

时间：11 月 5 日—11 月 12 日

男西服	原价 1200 元	现价 800 元
女西服	原价 1500 元	现价 750 元
男风衣	原价 980 元	现价 450 元
女风衣	原价 850 元	现价 400 元

欢　迎　选　购

预习（查词典，给下列词语注音，并了解其意思）

Preview (Look up the following words in a dictionary, write down their *pinyin* and learn their meanings)

年	月	明	祝	岁	过	就	属
____	____	____	____	____	____	____	____
狗	今年	明年	后年	毕业	生日	快乐	准备
____	____	____	____	____	____	____	____
举行	晚会	参加	打算	时间	一定	正好	
____	____	____	____	____	____	____	

第二十课
Dì-èrshí kè
Lesson 20

一、生字 New characters

年	nián	year
毕	bì	to finish, to complete
业	yè	course of study
明	míng	immediately following this year or this day
后	hòu	after, behind
岁	suì	... year(s) old
属	shǔ	to be born in the year of
狗	gǒu	dog
月	yuè	month
算	suàn	to calculate, to plan
过	guò	to celebrate, to spend (a holiday), to pass (time)
准	zhǔn	
备	bèi	to prepare
举	jǔ	to hold
加	jiā	to add
就	jiù	exactly, precisely

定	dìng	surely
祝	zhù	to wish
快	kuài	fast, happy

二、字—词（词组）—句子 From characters to words (phrases) and sentences

今—年	今年	jīnnián	this year
去—年	去年	qùnián	last year
明—年	明年	míngnián	next year
后—年	后年	hòunián	the year after next
毕—业	毕业	bì yè	to graduate
打—算	打算	dǎsuàn	to intend, to plan
准—备	准备	zhǔnbèi	to prepare
举—行	举行	jǔxíng	to come off, to hold
参—加	参加	cānjiā	to join, to participate
一—定	一定	yídìng	surely, definitely, certainly
一定—去	一定去	yídìng qù	to be sure to go
一定—来	一定来	yídìng lái	to be sure to come
不—一定	不一定	bù yídìng	not sure
一定—不	一定不	yídìng bù	certainly not, definitely not
快—乐	快乐	kuàilè	happy, joyful, cheerful
生日—快乐	生日快乐！	Shēngrì kuàilè!	Happy birthday!

三、课文 Texts

会话 20-1

张华：玛丽，你今天为什么这么高兴？

玛丽：今天是我的生日。

张华：是吗？祝你生日快乐！

玛丽：谢谢！

张华：玛丽，你今年多大？

玛丽：对不起，这是秘密，不能告诉你。

张华：真对不起，我不知道。在中国，一般可以问年龄。

玛丽：没关系。

张华：你打算怎么过生日呢？

玛丽：安娜她们说开一个生日晚会，你也参加吧。

张华：好。什么时间？

玛丽：今晚7点，在我的宿舍。

张华：我一定去。

秘密 mìmì secret

一般 yìbān generally

年龄 niánlíng age

开 kāi to hold

读后判断正误

Read the conversation and decide whether the following statements are true (T) or false (F)

(1) 今天是玛丽的生日。 ( )

(2) 张华问玛丽多大年龄。 ( )

(3) 玛丽想告诉张华她的年龄。 ( )

(4) 张华说在中国可以问年龄。 ( )

(5) 张华不一定参加玛丽的生日晚会。 ( )

短文

20–2

今天是玛丽的生日。她第一次在中国过生日。朋友们打算开一个生日晚会。玛丽请张华也参加。

晚会在玛丽的宿舍举行。朋友们送给玛丽一些礼物：安娜送玛丽一本词典；山田送玛丽一块手表；田中送玛丽一束很漂亮的花儿；张华送玛丽一只玩具小狗，他说玛丽是1982年出生的，这一年是狗年。玛丽很喜欢大家送给她的礼物。她

送 sòng to give

礼物 lǐwù present, gift

手表 shǒubiǎo (wrist) watch

玩具 wánjù toy

请朋友们吃生日蛋糕，朋友们唱《生日歌》，祝玛丽生日快乐。

蛋糕 dàngāo cake
唱 chàng to sing
歌 gē song

读后回答问题 Read the passage and answer the following questions

（1）朋友们打算怎样为玛丽过生日？

（2）谁参加了玛丽的生日晚会？

（3）张华为什么送玛丽一只玩具狗？

四、练习 Exercises

根据拼音写汉字 Write the Chinese characters according to the *pinyin*

kuàilè	wǎnhuì	yídìng	jǔxíng	dǎsuàn
________	________	________	________	________
zhǔnbèi	cānjiā	bì yè		
________	________	________		

给下列词语注音 Write down the *pinyin* of the following words

举行	晚会	一定	参加	快乐
________	________	________	________	________
准备	打算	时间	毕业	准时 (on time)
________	________	________	________	________

明天	后天	青年
(tomorrow)	(the day after tomorrow)	(youth)
________	________	________

● **描出下列汉字中与左边相同的部件**

Trace the components given in the left column in the Chinese characters that follow them

夕：	多	岁	外	名	死
冫：	准	冷	习	均	次
寸：	对	时	过	谢	导
句：	狗	够	苟	驹	敬

● **描、写汉字** Trace and copy the following Chinese characters

年	6画	丿 𠂉 𠂉 𠂉 𠂉 年	年	年	年							
毕	6画	一 ⺊ ⺊ 比 毕	毕	毕	毕							
业	5画	丨 ‖ 业 业	业	业	业							
明	8画	日 明	明	明	明							
后	6画	一 厂 斤 后	后	后	后							
岁	6画	丨 山 山 岁	岁	岁	岁							
属	12画	尸 尸 居 居 属 属 属	属	属	属							
狗	8画	丿 犭 犭 犭 犭 狗	狗	狗	狗							

月	4画 丿 冂 月 月	月	月	月					
算	14画 ⺮ 笪 笪 筫 算	算	算	算					
过	6画 寸 过	过	过	过					
准	10画 丶 冫 冫亻 准	准	准	准					
备	8画 夂 备	备	备	备					
举	9画 丶 丷 ⺍ ⺍ 兴 兴 兴 举	举	举	举					
加	5画 𠃌 力 加	加	加	加					
就	12画 京 京 京尤 就 就	就	就	就					
定	8画 宀 宀 宁 宁 宇 定	定	定	定					
祝	9画 丶 ㇇ 礻 礻 礻口 祝	祝	祝	祝					
快	7画 忄 快	快	快	快					

五、课外练习 Exercises after class

用下列偏旁部首和汉字组字

Make characters using the following radicals, components and characters

月　田　口　兄　其　京　山

日　礻　生　尤　夕　力　夂

左右结构：

上下结构：

分解下列汉字 Separate the following characters

快　　定　　明　　过

／＼　／＼　／＼　／＼

__ __ __ __ __ __ __ __

加　　准　　就　　祝

／＼　／＼　／＼　／＼

__ __ __ __ __ __ __ __

算　　备　　狗

／＼　／＼　／＼

__ __ __ __ __ __

阅读短文 Read the passage

2018年是中国农历戊戌年，也就是狗年。

狗是中国民间的十二生肖之一。十二生肖，又叫十二属相，在中国的历法中，指的是用来纪年的十二种动物，它们是鼠、牛、虎、兔、龙、蛇、马、羊、猴、鸡、狗、猪。古人认为人出生在哪一年，他的属相就是哪一种动物。

2017年是丁酉年，也就是鸡年。那你猜猜看，2019年是什么年？对了，是猪年。

你是哪一年出生的？你属什么呢？

预习（查词典，给下列词语注音，并了解其意思）

Preview (Look up the following words in a dictionary, write down their *pinyin* and learn their meanings)

半	床	节	差	分	爬	山	前
____	____	____	____	____	____	____	____
刻	带	每天	早上	操场	锻炼	洗澡	然后
____	____	____	____	____	____	____	____
睡觉	年级	出发	集合	准时			
____	____	____	____	____			

第二十一课
Dì-èrshíyī kè

Lesson 21

一、生字 New characters

每	měi	every, each
早	zǎo	early
半	bàn	half
床	chuáng	bed
差	chà	to fall short of; bad
分	fēn	minute
节	jié	*a measure word for lessons*
操	cāo	exercise composed of a series of movements
场	chǎng	large place where people gather for a specific purpose
锻	duàn	to forge
炼	liàn	to smelt, to refine
洗	xǐ	to wash
澡	zǎo	bath
睡	shuì	to sleep
爬	pá	to climb

山	shān	mountain, hill
级	jí	grade
前	qián	front
集	jí	to gather
刻	kè	quarter (of an hour)
带	dài	to take, to bring, to carry with oneself

二、字—词（词组）—句子 From characters to words (phrases) and sentences

每—天	每天	měi tiān	every day
早—上	早上	zǎoshang	morning
早—饭	早饭	zǎofàn	breakfast
一—刻	一刻	yí kè	a quarter (of an hour)
爬—山	爬山	pá shān	to climb a mountain
起—床	起床	qǐ chuáng	to get up, to get out of bed
洗—澡	洗澡	xǐ zǎo	to take a shower, to bathe
睡—觉	睡觉	shuì jiào	to sleep
操—场	操场	cāochǎng	playground, sports field
锻—炼	锻炼	duànliàn	to do physical exercise
年—级	年级	niánjí	grade
集—合	集合	jíhé	to assemble, to get together

起床
六点一刻起床
每天早上六点一刻起床
我每天早上六点一刻起床。

朋友
去朋友那儿
去朋友那儿聊天儿
我常常去朋友那儿聊天儿。

出发
准时出发
七点一刻准时出发
我们明天早上七点一刻准时出发。

三、课文 Texts

会话

21–1

山田：玛丽，你周末常常做什么？

玛丽：我星期六早上差一刻八点起床，八点半吃早饭。早饭后我骑自行车出去，有时候去

周末 zhuōmò
weekend

看朋友，有时候去公园。

山田：你什么时候回学校？

玛丽：下午回学校。晚上我常常跟朋友一起在饭馆儿吃晚饭。

山田：星期日你做什么呢？

玛丽：星期日我常常在宿舍里看书，听音乐，预习下星期的生词、语法。

山田：你常常给爸爸、妈妈打电话吗？

玛丽：有时候打电话，有时候发微信。

饭馆儿 fànguǎnr restaurant

读后判断正误

Read the conversation and decide whether the following statements are true (T) or false (F)

(1) 玛丽常常给父母打电话。 (　　)

(2) 玛丽星期六早上八点起床。 (　　)

(3) 玛丽每星期都去看朋友。 (　　)

(4) 玛丽常常给爸爸、妈妈写信。 (　　)

(5) 玛丽星期六常常跟朋友在饭馆儿吃晚饭。 (　　)

短文 21-2

很多中国人常常早睡早起。他们早上六点半起床，起床以后去锻炼身体，七点吃早饭，八点上班。上午工作四个小时，十二点一刻吃午饭。午饭后休息一会儿，下午工作四个小时。下班后很多人去商店、超市买菜，然后回家做饭，晚饭在七点左右。晚饭后人们常常看电视，看书，看报，聊天儿，很多人十点半左右睡觉。

上班 shàng bān to go to work
小时 xiǎoshí hour
下班 xià bān to finish work
菜 cài vegetable, food material
做饭 zuò fàn to cook
左右 zuǒyòu about

读后回答问题 Read the passage and answer the following questions

(1) 人们常常几点起床？

(2) 他们每天工作几个小时？

(3) 下班后人们做什么？

(4) 晚饭后人们常常做什么？

四、练习 Exercises

根据拼音写汉字 Write the Chinese characters according to the *pinyin*

xǐ zǎo　　zǎoshang　　jíhé　　duànliàn　　niánjí

________　________　________　________　________

shuì jiào　cāochǎng　chūfā　pá shān

________　________　________　________

给下列词语注音 Write down the *pinyin* of the following words

集合　睡觉　出发　洗澡　操场

________　________　________　________　________

早饭　爬山　年级　早上　出生（to be born）

________　________　________　________　________

出去（to go out）　集体（collective）　以前（before）　洗衣机（washing machine）

________　________　________　________

描出下列汉字中与左边相同的部件

Trace the components given in the left column in the Chinese characters that follow them

木：	床	机	集	李	困
目：	看	睡	想	箱	冒
隹：	谁	集	雁	准	售
工：	红	左	贡	差	功
刂：	刻	到	梨	前	例

描、写汉字 Trace and copy the following Chinese characters

每	7画	丿 𠂉 𠂉 𠂒 𠂒 每 每	每	每	每				
早	6画	日 早	早	早	早				
半	5画	丶 丷 䒑 兰 半	半	半	半				
床	7画	丶 亠 广 床	床	床	床				
差	9画	丶丷 䒑 兰 兰 羊 差	差	差	差				
分	4画	八 分 分	分	分	分				
节	5画	艹 节 节	节	节	节				
操	16画	扌 扌口 扌品 扌品 操	操	操	操				
场	6画	土 圬 圬 场	场	场	场				
锻	14画	钅 钅 钅 钅 锻	锻	锻	锻				
炼	9画	火 炼	炼	炼	炼				
洗	9画	氵 洗	洗	洗	洗				
澡	16画	氵 氵口 氵品 氵品 澡	澡	澡	澡				
睡	13画	丨 冂 月 目 目 盯 盱 盱 盱 睡 睡 睡	睡	睡	睡				
爬	8画	丿 厂 𠂆 爪 爬	爬	爬	爬				
山	3画	丨 山 山	山	山	山				
级	6画	纟 纟 级 级	级	级	级				

前	9画 丶 丷 䒑 前 前	前	前	前							
集	12画 亻 隹 集	集	集	集							
刻	8画 丶 亠 亡 亥 亥 亥 亥 刻	刻	刻	刻							
带	9画 一 十 卄 卅 卅 卌 卌 带 带	带	带	带							

五、课外练习 Exercises after class

用下列偏旁部首和汉字组字
Make characters using the following radicals, components and characters

目　木　亥　纟　元　垂　段　各　王

日　及　隹　钅　见　刂　十　宀　又

左右结构：

上下结构：

分解下列汉字 Separate the following characters

刻　早　澡　炼　带

集　锻　睡　差

阅读短文 Read the passage

有一个汽车司机晚上开车，他觉得太累了。早上，他想在车里睡一会儿觉。这时候，有一个跑步的人问他几点了，他看看手表，说："现在六点三十五分。"十分钟后，又有一个人来问他时间，他说："现在差一刻七点。"他怕还有人问他，就在纸上写了"我没有表"几个字，放在车窗上。他想："现在我可以好好休息了。"可是，五分钟以后，又有一个人敲他的车窗，还大声地说："现在差十分七点。"

预习（查词典，给下列词语注音，并了解其意思）

Preview (Look up the following words in a dictionary, write down their *pinyin* and learn their meanings)

让	谈	唱	地	玩	派	画	自己
____	____	____	____	____	____	____	____
爱好	京剧	喜欢	非常	感到	心情	愉快	业余
____	____	____	____	____	____	____	____
以前	特别	高兴	书法	感兴趣			
____	____	____	____	____			

第二十二课
Dì-èrshí'èr kè
Lesson 22

一、生字 New characters

谈	tán	to talk about
己	jǐ	oneself
爱	ài	to love, to like
让	ràng	to let, to allow
剧	jù	opera, drama
喜	xǐ	to like
非	fēi	not, no
唱	chàng	to sing
玩	wán	to play
感	gǎn	to feel, to affect
到	dào	
情	qíng	feeling
愉	yú	pleased, happy
余	yú	spare (time)
特	tè	special

兴	xìng	pleasure
趣	qù	interest
派	pài	to send, to dispatch
高	gāo	high
画	huà	to draw, to paint; drawing, painting

二、字—词（词组）—句子 From characters to words (phrases) and sentences

自—己	自己	zìjǐ	self, oneself
爱—好	爱好	àihào	hobby; to be fond of
喜—欢	喜欢	xǐhuan	to like
京—剧	京剧	jīngjù	Peking opera
非—常	非常	fēicháng	very
感—到	感到	gǎndào	to feel, to sense
兴—趣	兴趣	xìngqù	interest
感—兴趣	感兴趣	gǎn xìngqù	to be interested in
心—情	心情	xīnqíng	state of mind, mood
愉—快	愉快	yúkuài	happy, joyful, cheerful
业—余	业余	yèyú	spare (time)
特—别	特别	tèbié	specially, particularly
高—兴	高兴	gāoxìng	glad, happy

爱好
自己的爱好
谈谈自己的爱好
你谈谈自己的爱好
请你谈谈自己的爱好。

京剧
看京剧
喜欢看京剧
我很喜欢看京剧。

兴趣
感兴趣
对书法感兴趣
我对书法很感兴趣。

三、课文 Texts

会话 22–1

记者：你们好！我是记者，想请你们谈谈。
众人：好。
记者：请问，你们是做什么工作的？
山田：我来中国前也是一名记者。
玛丽：我以前是英语老师。
安娜：我是大学生。
山田：现在我们都是学生。
记者：你们有什么爱好？

记者 jìzhě
reporter, journalist

名 míng
a measure word for people of a certain occupation

玛丽：我喜欢写汉字。汉字很难写，可是很有意思。

安娜：我喜欢看京剧，京剧里的衣服很好看，音乐也好听。

山田：我的爱好是体育，我喜欢中国功夫。

记者：是吗？那请你表演表演，好吗？

山田：现在还不行，以后吧。

好听 hǎotīng
pleasant to hear

功夫 gōngfu
kung fu

表演 biǎoyǎn
to act, to perform

读后判断正误

Read the conversation and decide whether the following statements are true (T) or false (F)

（1）山田以前是记者。　（　）

（2）玛丽以前教英语。　（　）

（3）玛丽喜欢写汉字，她觉得汉字很有意思。　（　）

（4）安娜喜欢看京剧，她觉得京剧里的衣服很好看。　（　）

短文

22-2

山田、安娜和玛丽是我的同班同学。我们常常一起聊天儿。山田说他喜欢中国功夫，

同班 tóngbān
the same class

他每天都练习。玛丽说她的爱好是中国书法，她觉得书法太有意思了。安娜喜欢看京剧，她说京剧里的衣服真漂亮。我的爱好是旅行，中国有很多好玩儿的地方，上海、西安、杭州、桂林……啊，太多了！这些地方我都想去，我一定要去。

好玩儿 hǎowánr amusing, interesting

上海 Shànghǎi Shanghai (name of a city)

西安 Xī'ān Xi'an (name of a city)

杭州 Hángzhōu Hangzhou (name of a city)

桂林 Guìlín Guilin (name of a city)

读后回答问题 Read the passage and answer the following questions

(1) 山田、安娜、玛丽在一个班学习吗？

(2) 山田有什么爱好？

(3) 玛丽喜欢什么？

(4) 安娜觉得京剧里的衣服怎么样？

(5) “我”喜欢什么？“我”想去哪些地方旅行？

四、练习 Exercises

根据拼音写汉字 Write the Chinese characters according to the *pinyin*

yèyú	xīnqíng	jīngjù	àihào	fēicháng
________	________	________	________	________
tèbié	gāoxìng	gǎn xìngqù	xǐhuan	
________	________	________	________	

给下列词语注音 Write down the *pinyin* of the following words

京剧	非常	愉快	爱好	喜欢	书法
________	________	________	________	________	________
业余	特别	电脑	高兴	感兴趣	话剧 (play, drama)
________	________	________	________	________	________
感谢 (to thank)	谈话 (to talk)	特点 (characteristic)	爱人 (husband or wife, spouse)	高中 (senior high school)	
________	________	________	________	________	

描出下列汉字中与左边相同的部件

Trace the components given in the left column in the Chinese characters that follow them

走：	起	赶	超	趣	徒
余：	除	涂	斜	途	叙
非：	排	啡	菲	辈	匪
亠：	六	京	高	校	市

描、写汉字 Trace and copy the following Chinese characters

谈	10画 讠 讠 讠 讠 讠 谈	谈	谈	谈						
己	3画 ㇆ コ 己	己	己	己						

爱	10画	⺈ ⺈ ⺈ 爫 爫 爱	爱	爱	爱				
让	5画	讠 让	让	让	让				
剧	10画	尸 𡰪 居 剧	剧	剧	剧				
喜	12画	士 吉 𠮷 壴 喜	喜	喜	喜				
非	8画	丨 𠃌 ⺕ ⺕ 非 非 非 非	非	非	非				
唱	11画	口 𠮧 唱	唱	唱	唱				
玩	8画	王 玩	玩	玩	玩				
感	13画	一 厂 厂 后 咸 咸 咸 感	感	感	感				
到	8画	一 云 云 至 至 至 到	到	到	到				
情	11画	丷 忄 忄二 忄丰 忄丰 情	情	情	情				
愉	12画	忄 忄人 忄人 愉 愉	愉	愉	愉				
余	7画	人 亼 今 佘 余	余	余	余				
特	10画	牛 牡 特	特	特	特				
兴	6画	丶 丷 ⺍ 业 兴	兴	兴	兴				
趣	15画	走 趄 趣	趣	趣	趣				
派	9画	氵 沂 派 派 派	派	派	派				
高	10画	亠 亠 亠 高 高	高	高	高				
画	8画	一 丆 丙 丙 丙 田 画 画	画	画	画				

五、课外练习 Exercises after class

● 用下列偏旁部首和汉字组字

Make characters using the following radicals, components and characters

讠 刂 上 忄 炎 寺 口

居 俞 昌 牛 至 另 青

左右结构：

● 将下面的字加一笔或者减一笔，使之变成别的字，然后组成词（或词组）

Change each of the following characters into a new one by adding or taking away a stroke, and then make a word (or phrase)

亚—— ____(　　)	小—— ____(　　)
自—— ____(　　)	了—— ____(　　)
灭—— ____(　　)	头—— ____(　　)
夫—— ____(　　)	巾—— ____(　　)
种—— ____(　　)	问—— ____(　　)

● 选字填空 Choose the characters to fill in the blanks

（1）祝你生日 ____ 乐。（快 / 块）

（2）玛丽喜欢 ____ 京剧。（喝 / 唱）

（3）请你们谈谈 ____ 己的爱好。（白 / 自）

（4）下星期我要去 ____ 行。（派 / 旅）

（5）听音乐的时候，心 ____ 很愉快。（情 / 请）

（6）她对画画儿 ____ 感兴趣。（很 / 银）

(7) 请问，听 ____ 课老师的 ____ 公室在哪儿？（力 / 办）

(8) 今天下午我 ____ 习书法，晚上锻 ____ 身体。（炼 / 练）

(9) ____ 不起，我们什么 ____ 候出发？（对 / 时）

(10) 学 ____ 的食堂里有 ____ 子吗？（饺 / 校）

预习（查词典，给下列词语注音，并了解其意思）

Preview (Look up the following words in a dictionary, write down their *pinyin* and learn their meanings)

边	南	往	从	离	远	拐
____	____	____	____	____	____	____
左	右	座	地方	劳驾	打听	和平
____	____	____	____	____	____	____
人民	广场	左边	右边	足球	一直	马路
____	____	____	____	____	____	____
左右	红绿灯	博物馆				
____	____	____				

第二十三课
Dì-èrshísān kè
Lesson 23

一、生字 New characters

边	biān	side
南	nán	south
离	lí	to be away from
远	yuǎn	far, distant
足	zú	foot
球	qiú	ball
劳	láo	to put sb. to the trouble of
驾	jià	(*honorific*) you
博	bó	rich, plentiful
物	wù	thing, substance
广	guǎng	wide, vast
从	cóng	from
直	zhí	direct, straight
往	wǎng	towards, to
红	hóng	red
绿	lǜ	green

灯	dēng	light, lamp
左	zuǒ	left
右	yòu	right
拐	guǎi	to turn
路	lù	road
座	zuò	*a measure word for buildings, mountains, etc.*

二、字—词（词组）—句子 From characters to words (phrases) and sentences

东—边	东边	dōngbian	east
西—边	西边	xībian	west
南—边	南边	nánbian	south
北—边	北边	běibian	north
左—边	左边	zuǒbian	left
右—边	右边	yòubian	right
前—边	前边	qiánbian	front
后—边	后边	hòubian	back
左—右	左右	zuǒyòu	about
足—球	足球	zúqiú	football, soccer
球—场	球场	qiúchǎng	(football, volleyball, tennis, etc.) field, court
足球—场	足球场	zúqiúchǎng	football field
劳—驾	劳驾	láo jià	Excuse me.

广—场	广场	guǎngchǎng	square
一—直	一直	yìzhí	straight, straight on
马—路	马路	mǎlù	road, street
博—物—馆	博物馆	bówùguǎn	museum
红—绿—灯	红绿灯	hónglǜdēng	traffic lights
往—前—走	往前走	wǎng qián zǒu	to go ahead
从—这儿	从这儿	cóng zhèr	from here
从—那儿	从那儿	cóng nàr	from there

一个邮局　　西边
有一个邮局　　宿舍楼西边
里边有一个邮局　　在宿舍楼西边
我们学校里边有一个邮局。邮局在宿舍楼西边。

足球场
是足球场
东边是足球场
图书馆东边是足球场。

三、课文 Texts

会话 23–1

田中：山田，我想去书店看看，你们学校里有书店吗？

山田：有。
田中：书店离这儿远吗？
山田：不远，就在宿舍楼的东边。
田中：我们现在去，好吗？
山田：好。

田中：山田，你们学校有足球场吗？
山田：有啊。你想踢足球吗？
田中：是啊。足球场在哪儿？
山田：在图书馆西边。图书馆南边还有一个篮球场。
田中：那我们先去书店，然后去踢足球，好吗？
山田：行。

篮球 lánqiú
basketball

读后判断正误

Read the conversation and decide whether the following statements are true (T) or false (F)

（1）田中要去书店。（ ）

（2）书店在宿舍楼的西边。（ ）

（3）山田的学校里有篮球场和足球场。（ ）

（4）篮球场在图书馆西边。（ ）

（5）田中和山田一起去书店，一起去踢球。（ ）

短文 23–2

我们学校很大。学校里有教学楼、宿舍楼、图书馆、运动场、商店、书店，还有邮局、银行、医院。教学楼离宿舍楼不远，在宿舍楼东边。教学楼北边是图书馆。运动场在图书馆西边。商店和书店在宿舍楼西边，商店旁边是邮局和银行，医院在银行西边，离银行有500米左右。

运动场 yùndòngchǎng sports ground

米 mǐ meter

根据短文填图 Fill in the chart according to the passage

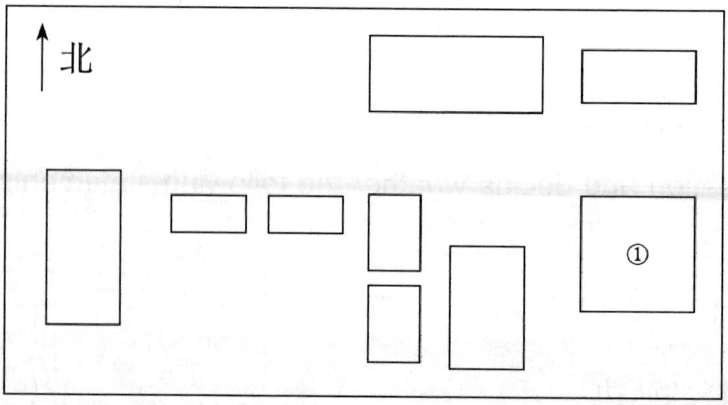

①教学楼　②宿舍楼　③图书馆　④运动场　⑤商店

⑥书店　⑦邮局　⑧银行　⑨医院

四、练习 Exercises

根据拼音写汉字 Write the Chinese characters according to the *pinyin*

bówùguǎn	zúqiú	hónglǜdēng	qiánbian	zuǒbian
________	________	________	________	________
yòubian	yìzhí	zúqiúchǎng	láo jià	dǎting
________	________	________	________	________
dìfang	rénmín	guǎngchǎng	mǎlù	
________	________	________	________	

给下列词语注音 Write down the *pinyin* of the following words

地方	前边	足球场	左边	右边
________	________	________	________	________
公里	一直	红绿灯	左右	自从 (since)
________	________	________	________	________
东北 (northeast)	西北 (northwest)	东南 (southeast)	西南 (southwest)	
________	________	________	________	

描出下列汉字中与左边相同的部件

Trace the components given in the left column in the Chinese characters that follow them

力：	边	加	另	办	动
马：	妈	驾	码	闯	冯
丁：	灯	顶	厅	停	订
甫：	辅	博	莆	薄	铺

描、写汉字 Trace and copy the following Chinese characters

边	5画	フ 力 力 边 边	边	边	边				
南	9画	十 冂 冇 南 南	南	南	南				
离	10画	亠 文 㐫 离 离 离 离	离	离	离				
远	7画	元 远	远	远	远				
足	7画	口 早 足 足 足	足	足	足				
球	11画	王 玎 玎 玎 玎 球 球 球	球	球	球				
劳	7画	艹 艹 劳	劳	劳	劳				
驾	8画	力 加 驾	驾	驾	驾				
博	12画	十 博	博	博	博				
物	8画	ノ 𠂉 牛 牛 牜 物 物 物	物	物	物				
广	3画	丶 亠 广	广	广	广				

从	4画 人 从	从	从	从					
直	8画 一十十冇有有 有直直	直	直	直					
往	8画 彳 往	往	往	往					
红	6画 纟 红	红	红	红					
绿	11画 纟纟纟纟纟 绿绿绿绿	绿	绿	绿					
灯	6画 丶丷少火灯	灯	灯	灯					
左	5画 一𠂇左	左	左	左					
右	5画 𠂇 右	右	右	右					
拐	8画 扌扌拐	拐	拐	拐					
路	13画 𧾷 跂 路	路	路	路					
座	10画 广 座	座	座	座					

五、课外练习 Exercises after class

将下面的汉字去掉偏旁变成新字，然后组成词（或词组）

Change each of the following characters into a new one by taking away the radical, and then make a word (or phrase)

红—— ____(　　)　　体—— ____(　　)

从—— ____(　　)　　给—— ____(　　)

座—— ____(　　)　　还—— ____(　　)

让—— ____（　　）　　读—— ____（　　）

使—— ____（　　）　　绿—— ____（　　）

课—— ____（　　）　　洗—— ____（　　）

选字填空 Choose the characters to fill in the blanks

这　远　边　还　近　过　适　迎

（1）请问，____ 是留学生宿舍吗？

（2）商店离学校 ____ 吗？

（3）邮局在电影院西 ____。

（4）你看我的衣服合 ____ 吗？

（5）欢 ____ 大家来参加我的生日晚会。

（6）我要苹果，____ 要两个橘子。

（7）我最 ____ 学习很忙。

（8）玛丽，你的生日打算怎么 ____？

阅读短文 Read the passage

我是北京语言大学的留学生。我们的学校在北京的西北郊。学校附近有不少大学：西边有清华大学、北京大学，南边有北京科技大学、北京航空航天大学、北京大学医学部，北边有北京林业大学、北京农业大学。我常常去清华、北大，也常去北医，在那里我有很多朋友。

预习（查词典，给下列词语注音，并了解其意思）

Preview (Look up the following words in a dictionary, write down their *pinyin* and learn their meanings)

遍　　能　　懂　　次　　病　　了　　报名

______ ______ ______ ______ ______ ______ ______

太极拳　　开始　　舒服　　可能　　请假　　头疼

________ ______ ______ ______ ______ ______

咳嗽　　感冒　　发烧　　小时　　有意思

______ ______ ______ ______ ________

第二十四课
Dì-èrshísì kè

Lesson 24

一、生字 New characters

太	tài	too, excessively
极	jí	extreme, utmost
拳	quán	boxing
始	shǐ	to start
能	néng	can, may
遍	biàn	(*a measure word for an action from beginning to end*) time
懂	dǒng	to understand
舒	shū	comfortable
意	yì	meaning
思	sī	to think, to think of
次	cì	(*a measure word*) time
假	jià	holiday
疼	téng	to ache; painful
烧	shāo	to run a fever
咳	ké	to cough
嗽	sòu	to cough

冒	mào	
病	bìng	illness; to be sick
了	le	*an aspect particle in a sentence to indicate a change or new circumstances*

二、字—词（词组）—句子 From characters to words (phrases) and sentences

太极—拳	太极拳	tàijíquán	t'ai chi ch'uan, Chinese shadow boxing
开—始	开始	kāishǐ	to begin
可—能	可能	kěnéng	maybe
舒—服	舒服	shūfu	comfortable
意—思	意思	yìsi	meaning
有—意思	有意思	yǒu yìsi	interesting
请—假	请假	qǐng jià	to ask for leave
头—疼	头疼	tóuténg	to have a headache
发—烧	发烧	fā shāo	to run a fever
咳—嗽	咳嗽	késou	to cough
感—冒	感冒	gǎnmào	to catch a cold

太极拳	一遍
打太极拳	说一遍
会打太极拳	再说一遍
会不会打太极拳	能不能再说一遍
你会不会打太极拳？	你能不能再说一遍？

上课

没来上课

怎么没来上课

今天怎么没来上课

玛丽今天怎么没来上课？

三、课文 Texts

会话 24-1

玛丽：山田，你每天早上做什么？

山田：跑步，打太极拳。

玛丽：谁教太极拳？

山田：马老师。怎么，你想学吗？

玛丽：想学。在哪儿报名？

山田：在马老师那儿。他每天早上六点半在小操场教我们，你明天去吧。

玛丽：好吧。山田，学太极拳的人多吗？

山田：不少。有老师，也有留学生。

玛丽：难学吗？

山田：不难。

玛丽：好，明天早上小操场见。

山田：再见。

跑步　pǎo bù
to run, to jog

读后判断正误

Read the conversation and decide whether the following statements are true (T) or false (F)

（1）山田每天晚上跑步，打太极拳。 （　）

（2）马老师教山田打太极拳。 （　）

（3）玛丽也想学太极拳。 （　）

（4）早上学太极拳的人很少。 （　）

短文

24-2

玛丽很喜欢中国的书法，她觉得练书法很有意思。每星期一和星期五下午有书法课。上课的时候，她认真听，认真练。下课以后，她在宿舍继续练习。她还常常看书法展览。她说："练书法可以帮助我学习汉语，帮助我学习汉字，还能帮助我了解中国文化。"

认真 rènzhēn conscientious, serious

继续 jìxù to continue

展览 zhǎnlǎn to exhibit

帮助 bāngzhù to help

了解 liǎojiě to understand

读后回答问题 Read the passage and answer the following questions

（1）玛丽喜欢什么？

（2）她什么时候有书法课？

（3）下课后玛丽练习书法吗？

（4）她说练书法有什么好处（hǎochù, advantage）？

四、练习 Exercises

根据拼音写汉字 Write the Chinese characters according to the *pinyin*

tàijíquán　kāishǐ　késou　gǎnmào　shūfu

________　________　________　________　________

yǒu yìsi　qǐng jià　tóuténg　fā shāo

________　________　________　________

给下列词语注音 Write down the *pinyin* of the following words

开始　太极拳　发烧　舒服　请假

________　________　________　________　________

有意思　感冒　头疼　咳嗽　思想（thought）

________　________　________　________　________

假日（holiday）　好极了（terrific）　能力（ability）

________　________　________

将下列汉字按独体字、合体字分类

Sort out the following Chinese characters according to their structures

打　太　极　拳　想　平　服　始　名　操

遍　足　非　兴　假　舒　发　烧　次　广

能　己　头　路　病　业　球　疼

独体字：

合体字：

描出下列汉字中与左边相同的部件

Trace the components given in the left column in the Chinese characters that follow them

及：	极	级	吸	圾	汲
台：	始	治	抬	胎	怠
户：	房	沪	护	遍	庐
亥：	咳	刻	孩	该	氦

描、写汉字 Trace and copy the following Chinese characters

太	4画 大 太	太	太	太					
极	7画 木 极	极	极	极					
拳	10画 丶丷䒑 丷 龹 拳	拳	拳	拳					
始	8画 女 如 始	始	始	始					
能	10画 厶 ⺼ 䏍 能 能	能	能	能					
遍	12画 户 户 启 启 扁 扁 遍	遍	遍	遍					
懂	15画 忄 怈 怈 愲 懂 懂 懂	懂	懂	懂					
舒	12画 𠆢 𠂉 𠂉 全 舍 舍 舒 舒 舒	舒	舒	舒					
意	13画 立 音 意	意	意	意					

思	9画	田 思	思	思	思				
次	6画	冫 次	次	次	次				
假	11画	亻 亻 亻 作 作 作 作 假	假	假	假				
疼	10画	广 广 疒 疼	疼	疼	疼				
烧	10画	火 火 炏 炏 烧	烧	烧	烧				
咳	9画	口 口 吂 吂 咳 咳 咳	咳	咳	咳				
嗽	14画	口 嗽 嗽	嗽	嗽	嗽				
冒	9画	冃 冒	冒	冒	冒				
病	10画	疒 疒 疒 病	病	病	病				
了	2画	乛 了	了	了	了				

五、课外练习 Exercises after class

给下面的词语注音，并从词典中查出它们的意思

Write down the *pinyin* of the following words and phrases, and look up their meanings in a dictionary

（打）　打听_____　打字_____　打电话_____　打工_____

（假）　假日_____　假条_____　休假_____　事假_____

（报）　报到_____　报道_____　日报_____　看报_____

（服）　舒服_____　衣服_____　服药_____　西服_____

阅读短文 Read the passage

你来中国一个月了，可能见过很多"新鲜"事。比如：中国人吃饭用筷子，你会用吗？在中国，家里来了客人一般吃饺子，你会包饺子吗？中国有很多自行车，骑自行车出门比较方便，你会骑吗？你想在中国旅行，最好会说汉语，你会说吗？如果这些你都不会，那么你一定要努力学习呀！

预习（查词典，给下列词语注音，并了解其意思）

Preview (Look up the following words in a dictionary, write down their *pinyin* and learn their meanings)

不错 ____ 进步 ____ 水平 ____ 提高 ____ 流利 ____ 努力 ____ 认真 ____ 因为 ____

愿意 ____ 为什么 ____ 这么 ____ 那么 ____ 表演 ____ 节目 ____ 跑步 ____

运动 ____ 坚持 ____ 锻炼 ____ 篮球 ____ 电视台 ____

第二十五课
Dì-èrshíwǔ kè

Lesson 25

一、生字 New characters

台	tái	station
演	yǎn	to act, to perform
目	mù	item
愿	yuàn	to wish
错	cuò	wrong
步	bù	step
提	tí	to lift
流	liú	to flow
利	lì	smooth
努	nǔ	to exert (effort)
认	rèn	
真	zhēn	real, true
运	yùn	to move
动	dòng	to move
跑	pǎo	to run
篮	lán	basket
坚	jiān	firm

持	chí	to hold
因	yīn	because; reason
为	wèi	for, for the sake of

二、字—词（词组）—句子 From characters to words (phrases) and sentences

电视—台	电视台	diànshìtái	TV station
表—演	表演	biǎoyǎn	to act, to perform
节—目	节目	jiémù	(TV) program
愿—意	愿意	yuànyì	to be willing, to wish, to want
为—什么	为什么	wèi shénme	why
因—为	因为	yīnwèi	because
不—错	不错	búcuò	not bad, pretty good
进—步	进步	jìnbù	to make progress
提—高	提高	tí gāo	to improve, to enhance
流—利	流利	liúlì	fluent
努—力	努力	nǔlì	hard-working
认—真	认真	rènzhēn	conscientious, earnest, serious
运—动	运动	yùndòng	sports
跑—步	跑步	pǎo bù	to run, to jog
篮—球	篮球	lánqiú	basketball
坚—持	坚持	jiānchí	to persist in, to insist on

流利
很流利
说得很流利
你汉语说得很流利。

好不好
说得好不好
汉语说得好不好
他汉语说得好不好？

怎么样
写得怎么样
汉字写得怎么样
你汉字写得怎么样？

三、课文 Texts

会话 25–1

玛丽：马丁，你的发音真不错。

马丁：是，我的汉字写得也很好。

玛丽：你课文念得怎么样？

马丁：念得太流利了，听力就更没问题了。

玛丽：我看你汉语学得不好。

马丁：为什么？我什么地方说得不对？

玛丽：说得都很好。可是，中国人不这样说。

念 niàn to read aloud

马丁：是吗？那我应该怎么说？

玛丽：我说“你的发音真不错”，你应该说“哪里，哪里，还差得远呢”。

差得远 chà de yuǎn to fall far short of

马丁：为什么要这样说？我觉得我的发音不错。

玛丽：对，你的发音很好，可是不能自己说自己好。

马丁：是吗？

读后判断正误

Read the conversation and decide whether the following statements are true (T) or false (F)

(1) 马丁的声调不错，汉字写得也很好。 ( )

(2) 马丁上听力课不问问题。 ( )

(3) 玛丽觉得马丁汉语学得不好。 ( )

(4) 跟朋友谈话的时候，不能自己说自己好。 ( )

短文

25–2

早上，山田起得很早。他先去大操场跑步，然后到小操场打太极拳。他很喜欢打太极拳，打得也不错。上星期他参加太极拳比赛，得了第二名。山田

得 dé to get, to win

的老师说，他学得很认真，进步很快。山田说他还差得远，还要继续练，下次比赛要得第一名。

● 读后回答问题 Read the passage and answer the following questions

（1）早上山田做什么？

（2）山田太极拳打得怎么样？

（3）上星期的太极拳比赛，山田打得好不好？

（4）山田的老师说什么？

（5）山田觉得自己怎么样？

四、练习 Exercises

● 根据拼音写汉字 Write the Chinese characters according to the *pinyin*

liúlì	nǔlì	jìnbù	yīnwèi	jiémù
________	________	________	________	________
lánqiú	pǎo bù	wèi shénme	jiānchí	biǎoyǎn
________	________	________	________	________
yùndòng	duànliàn	tí gāo	rènzhēn	diànshìtái
________	________	________	________	________

● 给下列词语注音 Write down the *pinyin* of the following words

进步	流利	运动	提高	跑步
________	________	________	________	________

坚持 努力 表演 因为 篮球

______ ______ ______ ______ ______

认真 愿意 节目 水平 演员 (actor / actress)

______ ______ ______ ______ ______

演出 (show) 动物 (animal) 目前 (at present) 错字 (wrong character) 电视台

______ ______ ______ ______ ______

描出下列汉字中与左边相同的部件

Trace the components given in the left column in the Chinese characters that follow them

火：	炼	灭	谈	灰	伙
卩：	节	却	即	卫	印
昔：	错	借	惜	鹊	措
包：	跑	泡	炮	刨	雹

描、写汉字 Trace and copy the following Chinese characters

台	5 画	㇜ 厶 台	台	台	台						
演	14 画	氵 氵 氵 氵 氵 氵 氵 氵 演	演	演	演						
目	5 画	丨 冂 月 目	目	目	目						
愿	14 画	厂 厉 原 愿	愿	愿	愿						

错	13画	钅 错	错	错	错				
步	7画	丨⺊𣥂止屮𣥂步	步	步	步				
提	12画	扌扫担捍提	提	提	提				
流	10画	氵汁浐浐浐流	流	流	流				
利	7画	禾 利	利	利	利				
努	7画	女 奴 努	努	努	努				
认	4画	讠认	认	认	认				
真	10画	直 真	真	真	真				
运	7画	二 云 云 运	运	运	运				
动	6画	云 动	动	动	动				
跑	12画	口 𧾷 趵 跑 跑	跑	跑	跑				
篮	16画	⺮ 篮	篮	篮	篮				
坚	7画	丨丨 収 坚	坚	坚	坚				
持	9画	扌 持	持	持	持				
因	6画	冂 冈 因	因	因	因				
为	4画	丶丿 为 为	为	为	为				

五、课外练习 Exercises after class

将下列汉字按独体字、合体字分类

Sort out the following Chinese characters according to their structures

流 台 错 篮 运 演 动 跑 为 力 进

步 目 坚 持 愿 平 得 利 认 提 飞

也 斤 努 因 视 电 球 心 久 意

独体字：

合体字：

选字填空 Choose the characters to fill in the blanks

(1) 山田会打 ____ 极拳。(大 / 太)

(2) ____ 这儿到博物馆不太远。(从 / 以)

(3) 你喜欢什么 ____ 动？ (运 / 远)

(4) 一直 ____ 前走，到红绿灯 ____ 右拐。(往 / 住)

(5) 马丁的声调真不 ____ 。(错 / 借)

(6) 今天的晚会有什么节 ____ ？ (日 / 目)

(7) 她 ____ 火车去上海。(座 / 坐)

(8) 这个小孩真 ____ 亮。(票 / 漂)

朗读 Read aloud the following conversations

(1) A：你汉语说得不错。

B：哪里哪里。

(2) A：你的汉语发音有很大进步。

B：还差得远呢。

(3) A：我汉语说得怎么样？

B：你说得很流利，发音也很准。

(4) A：他课文念得流利不流利？

B：他念得很流利。

阅读短文 Read the passage

汉语是中国人使用的主要语言。现代汉语的标准语是普通话。

汉字是记录汉语的文字。汉字是由笔画构成的。一个汉字一般是一个音节。现代汉语常用字有 3500 个左右。

预习（查词典，给下列词语注音，并了解其意思）

Preview (Look up the following words in a dictionary, write down their *pinyin* and learn their meanings)

喂	饿	忘	响	接	踢	队
____	____	____	____	____	____	____
输	赢	考	陪	阿姨	关机	开机
____	____	____	____	____	____	____
比赛	祝贺	托福	已经	中学	出国	
____	____	____	____	____	____	

汉字总表 Character Index

（本表所列汉字均为本教材中教写过的，共 463 个。括号中的数字代表汉字所在课数）

Y

Z

词汇表 Vocabulary

（本表所列词语均为本教材“课文”中出现的。括号中的数字代表词语所在课数）

K

开	kāi	(20)

L

篮球	lánqiú	(23)
礼物	lǐwù	(20)
了解	liǎojiě	(24)

M

买到	mǎidào	(19)
每天	měi tiān	(12)
门口	ménkǒu	(17)
米	mǐ	(23)
秘密	mìmì	(20)
名	míng	(22)
名牌	míngpái	(19)

N

年龄	niánlíng	(20)
念	niàn	(25)

P

跑步	pǎo bù	(24)
篇	piān	(16)
票	piào	(18)
漂亮	piàoliang	(19)

R

然后	ránhòu	(17)
认真	rènzhēn	(24)

S

色	sè	(13)
上班	shàng bān	(21)
上星期	shàngxīngqī	(18)
市场	shìchǎng	(19)
手表	shǒubiǎo	(20)
送	sòng	(20)

T

同班	tóngbān	(22)

W

玩具	wánjù	(20)
文章	wénzhāng	(16)

X

下班	xià bān	(21)
小时	xiǎoshí	(21)

专有名词